GUSTAVE LANSON

TROIS MOIS
D'ENSEIGNEMENT
AUX ÉTATS-UNIS

Notes et Impressions d'un Professeur français

DEUXIÈME ÉDITION

PARIS

LIBRAIRIE HACHETTE ET Cⁱᵉ

79, BOULEVARD SAINT-GERMAIN, 79

1914

3 fr. 50

TROIS MOIS

D'ENSEIGNEMENT

AUX ÉTATS-UNIS

OUVRAGES DE M. G. LANSON

PUBLIÉS PAR LA LIBRAIRIE HACHETTE ET Cᵗᵉ

Histoire de la littérature française, des origines à nos jours.
12ᵉ édit. revue et corrigée. Un fort vol. in-16, broché.   4 fr.
Le même ouvrage, cartonnage toile . . . .   4 fr. 5

Conseils sur l'art d'écrire. Principes de composition et de style,
à l'usage des élèves des lycées et collèges et de l'enseignement
primaire supérieur. Un vol. in-16, cart. . . . . . .   2 fr. 5

Principes de composition et de style. Conseils aux jeunes filles
sur l'art d'écrire. Un vol. in-16, cartonné . . . . . .   2 fr. 5
> Collection d'ouvrages de littérature publiée sous la direction de M. Eug.
> Manuel, Inspecteur général de l'Instruction publique conformément aux
> programmes de l'Enseignement secondaire des jeunes filles.

Études pratiques de composition française, sujets préparés et
commentés pour servir de compléments aux *Principes de composition et de style* et aux *Conseils sur l'art d'écrire.* Un vol.
in-16, cartonné. . . . .   2 fr.

Molière. *L'Avare.* — *Les Femmes savantes.* — *Le Misanthrope.* —
Les Précieuses ridicules. — *Le Tartuffe.* — Texte conforme à
l'édition des *Grands Écrivains de la France,* avec introduction,
notices et notes. Chaque pièce, petit in-16 cart.. . . . .   1 fr.

Racine. Théâtre choisi, texte conforme à celui de l'édition des
Grands Écrivains de la France, avec introduction, notices et
notes. Un vol. petit in-16 cartonné. . . . .   3 fr.
— *Andromaque.* — *Athalie.* — *Britannicus.* — *Esther.* — *Iphi-
génie.* — *Les Plaideurs.* — *Mithridate.* Chaque pièce, petit
in-16, cart.. . . . .   1 fr.

Choix de Lettres du XVIIᵉ siècle, publiées avec une introduction,
des notices et des notes. Un vol. in-16, cartonné . . .   2 fr. 50

Choix de Lettres du XVIIIᵉ siècle, publiées avec une introduction, des notices et des notes. Un vol. petit in-16, cart.   2 fr. 50

Boileau. *Collection des Grands Écrivains français.* Un volume
in-16, broché. . . . .   2 fr.

Corneille. *Collection des Grands Écrivains français.* Un volume
in-16, broché. . . . .   2 fr.

Manuel bibliographique de la littérature française moderne
(1500-1900), 5 vol. in-8° brochés :
   1ʳᵉ *partie.* Seizième siècle. 1 vol. . . . .   4 fr.
   2ᵉ *partie.* Dix-septième siècle. 1 vol.. . . . .   4 fr.
   3ᵉ *partie.* Dix-huitième siècle. 1 vol. . . . .   5 fr.
   4ᵉ *partie.* Dix-neuvième siècle. 1 vol. . . . .   8 fr.
        Index général. 1 vol. . . . .

Nivelle de la Chaussée et la Comédie larmoyante (ouvrage
couronné par l'Académie française). 2ᵉ édit. Un vol. in-8°,
broché. . . . .   6 fr.

GUSTAVE LANSON

TROIS MOIS

D'ENSEIGNEMENT

AUX ÉTATS-UNIS

Notes et Impressions d'un Professeur français

DEUXIÈME ÉDITION

PARIS

LIBRAIRIE HACHETTE ET Cⁱᵉ

79, BOULEVARD SAINT-GERMAIN, 79

1914

AU Dr NICOLAS MURRAY BUTLER

PRÉSIDENT DE L'UNIVERSITÉ COLUMBIA

Commandeur de la Légion d'Honneur.

ET

A TOUS MES AMIS DES ÉTATS-UNIS

———

Monsieur le Président,
Mes chers amis,

Les Français de là-bas dont j'ai éprouvé en toute occasion la sympathie et le dévouement, celui même qui n'a pas été un seul jour sans m'apporter le soutien de son affection, les conseils de son expérience et la joie de son esprit — je veux parler du professeur Adolphe Cohn — ne trouveront pas mauvais que j'inscrive en tête de ces pages, au lieu de leurs noms, vos noms et votre souvenir.

C'est de votre pays que je parle : c'est à vous que ce livre doit aller d'abord. Je l'ai écrit pour vous, plus encore que pour mon pays. J'aurais pu causer en France de mon voyage, sans rien imprimer. Mais j'ai voulu qu'on connût chez vous tout ce que je dirais. Je n'aime pas à parler des gens, quand ils ont le dos tourné.

Je ne puis me flatter, après trois mois de séjour, d'apprendre l'Amérique aux Français ; mais je puis montrer aux Américains comment a réagi ma nature française en présence de leur civilisation.

Comme, dans la Conférence qu'on trouvera en appendice, je vous ai parlé de la France avec liberté, quoique avec amour et avec espoir, j'ai confiance aussi, mes amis de New-York, de Boston et des autres villes, que si vous jetez les yeux sur ces pages, vous saurez découvrir ma sympathie dans ma sincérité. Je sais que vous n'avez pas peur d'une parole franche, d'une pensée qui s'ouvre, et que vous ne quêtez pas plus les compliments que vous n'en faites. Je suis sûr que vous sentirez, et que tout Français sentira l'affection profonde et la forte admiration que m'a données pour la nation des États-Unis le commerce d'un petit nombre d'hommes qui, pendant quelques semaines, l'ont représentée à mes yeux.

Il était fatal que certaines choses étonnassent un esprit façonné par une éducation française, choquassent des habitudes formées par la vie française. J'ai dit tout comme je l'ai vu, comme je l'ai senti, sans déguisement, et sans prétendre d'ailleurs avoir raison dans mes étonnements et mes malaises.

On n'a aucun mérite à aimer le parfait. Il faudrait avoir l'esprit gâté et le cœur mauvais pour refuser l'amour à la perfection. On le lui doit ; elle l'attire comme automatiquement. Mais voir les imperfections, les manques et les faiblesses, et passer outre en raison du bien qu'on aperçoit, il y a là un acte de liberté ; l'affection devient un choix de la raison et de la volonté, et il entre ainsi un peu de don gratuit dans les sentiments les plus justes.

C'est de cette façon que bien des gens, chez vous, aiment la France : et quoique, dans notre fierté nationale, nous soyons bien convaincus que votre sympathie ne s'égare pas et ne va pas au delà de la mesure, nous nous sentons obligés envers vous comme d'une faveur qui nous crée une dette.

GUSTAVE LANSON.

4 juillet 1912.

I

CE QU'UN PROFESSEUR D'UNE UNIVERSITÉ FRANÇAISE VA FAIRE AUX ÉTATS-UNIS

I

CE QU'UN PROFESSEUR D'UNE UNIVERSITÉ FRANÇAISE VA FAIRE AUX ÉTATS-UNIS

En 1910, sur l'initiative, pour l'Amérique, du Président Nic. Murray Butler et du Professeur Adolphe Cohn, sur celle, pour la France, de M. le Recteur Liard, un accord fut conclu entre l'Université Columbia de New-York et l'Université de Paris, aux termes duquel un professeur de notre enseignement supérieur devait aller chaque année donner à Columbia un enseignement d'un trimestre.

M. F. Brunot avait été désigné pour 1910 : il ne put partir. Je fus désigné pour 1911, et je partis.

Dans l'intervalle, le Ministère de l'Instruction publique avait traité avec l'Université Harvard, de Cambridge (Mass.), pour faire tous les deux ans un échange de professeurs[1]; et tandis que M. Davis, professeur de géographie physique, venait exposer à nos étudiants sa méthode, M. Diehl, professeur d'histoire byzantine à la Sorbonne, arrivait à Harvard à la fin d'octobre 1911 et y faisait des leçons jusqu'à la fin de janvier 1912.

Nos amis américains ont attribué une signification intéressante au voyage de M. Diehl et au mien : dans toutes les réunions et banquets où j'ai assisté, on l'a toujours soulignée ; on a mis une insistance particulière à faire remarquer que nous étions les premiers envoyés officiels des Universités françaises.

Depuis une quinzaine d'années, bien des conférenciers français étaient venus aux États-Unis et y avaient été accueillis toujours avec cordialité, parfois avec enthousiasme. Dans la liste des Français qui, grâce à l'Alliance française, à M. Hyde et à

1. Il a été convenu depuis que cet échange serait annuel.

diverses initiatives, purent se faire entendre là-bas, je trouve plus d'un nom illustre. Il y a des journalistes, des poètes, des érudits, beaucoup de professeurs ; je citerai, parmi ces derniers, MM. Brunetière, Boutroux, Fougères, Michaut, Hadamard et Lebraz.

Le voyage de M. Joseph Bédier, professeur au Collège de France, marqua une date, en 1909, dans l'histoire des relations universitaires des deux pays. M. Bédier ne fut pas appelé à faire des conférences, mais des leçons. Ses auditeurs ne furent pas le grand public, les amateurs mondains de la langue et de la culture française, mais les étudiants en philologie romane des grandes Universités de l'Est. Il en visita cinq, et séjourna deux semaines environ dans chacune, y faisant des leçons d'un caractère scientifique et spécial.

Le succès de M. Bédier fut considérable ; et c'est lui qui véritablement a déterminé le mouvement dont les deux accords de 1910 et 1911 sont sortis. Depuis 1900, divers indices attestaient l'intérêt nouveau que des hommes d'Université aux États-Unis commençaient à prendre à la science et à l'érudition française, aux méthodes et à l'esprit de notre enseignement supérieur : mais il a fallu que M. Bédier « réalisât » cette idée de notre progrès, la fît vivre devant les yeux des professeurs et des étudiants américains, pour que le désir d'instituer des relations plus intimes avec nous s'étendît et se traduisît en actes.

J'ai été le premier bénéficiaire des sentiments créés par M. Bédier.

L'importance qu'on a voulu là-bas attribuer à ma venue consiste d'abord en ce que j'ai donné pendant trois mois à Columbia un enseignement suivi et complet, identique, à peu près, à celui que j'aurais donné à la Sorbonne ; puis, en ce que je n'étais pas venu par un engagement privé, mais officiellement désigné par l'Université de Paris.

Les Américains, chez eux, ne mêlent pas l'État fédéral aux affaires de leurs Universités. Mais ils ont l'idée que nous sommes une nation centralisée, où tout s'opère par le gouvernement : de là le sens qu'ils ont attaché au fait que M. Liard, vice-recteur de l'Académie de Paris, et M. Bayet, directeur de l'enseignement supérieur, les deux représentants les plus éminents de l'autorité centrale, étaient les signataires des accords qui envoyaient M. Diehl à Harvard et moi-même à Columbia. C'était pour eux le signe d'une bonne volonté de la France. Et ils sont très sensibles à la bonne volonté ; je crois qu'ils ne l'oublient jamais. Ils ont le cœur délicat et fidèle : c'est un trait du caractère national, au moins dans l'élite.

J'ai donc, après avoir été désigné par le recteur et le Conseil de l'Université de Paris, reçu une nomination des Trustees et pris rang dans le cadre des professeurs de Columbia ; j'ai fait toutes les fonctions d'un professeur régulier, et j'ai eu le précieux honneur, avant mon départ, au moment où allait se prescrire le titre passager qui m'unissait à la grande Université, de m'y voir rattaché par un lien perpétuel : le Conseil des Trustees a conféré au premier « Visiting French Professor » le grade de Docteur *Honoris causâ*.

Depuis quelques années, l'empereur d'Allemagne envoie tous les ans à l'Université Columbia un professeur allemand qui est rétribué sur la cassette impériale et prend le nom de « Kaiser Wilhelm Professor ». Il est logé, avec sa famille, si elle l'a accompagné, dans la « Deutsches Haus » : c'est une maison toute voisine de Columbia que des donateurs allemands ont acquise et aménagée pour cet usage. Le Président de Columbia, M. Nic. Murray Butler, a voulu qu'il y eût la « Maison française » à côté de la « Maison allemande » : et quelqu'un de mes successeurs prochains l'inaugurera.

J'ai professé à Columbia du 2 octobre au 20 décembre, date où commençaient les vacances de Noël.

J'ai fait deux cours, un grand et un petit.
Le grand cours, dont le sujet m'avait été
demandé, portait sur *le développement de
l'esprit philosophique dans la littérature
française au* xviii° *siècle* : il comportait deux
leçons par semaine ; il y en a eu vingt-deux
en tout. Le petit cours, complémentaire du
grand, consistait en explications de textes
français du xviii° siècle, faites (sauf la première) par les étudiants eux-mêmes : une
leçon par semaine, onze en tout.

Les auditeurs, très sévèrement triés par
le chef du département des langues romanes, M. le Professeur Ad. Cohn, étaient
les étudiants les plus avancés dans la
langue et la littérature françaises, auxquels s'adjoignirent de bonne volonté quelques professeurs, hommes ou femmes, des
collèges et écoles de New-York : j'ai eu
ainsi environ trente-cinq auditeurs pour
le grand cours, une quinzaine pour le
petit.

Seule, la leçon d'ouverture du grand
cours a été publique.

Mais j'aurais eu mauvaise grâce à renfermer tout mon enseignement dans les classes de Columbia. L'appel à la culture française, à l'Université de Paris, dont j'avais l'honneur d'être pour une saison le représentant, était si fervent, me venait de tant de côtés que je ne pouvais m'y dérober. La Fédération des Groupes de l'Alliance française aux États-Unis et l'Institut Lowell de Boston surtout[1], dès le premier moment où mon voyage a été annoncé, ont réclamé mon concours. J'ai répondu à toutes les demandes, si honorables pour mon pays et pour notre Université, sans autre limite que celle que les distances et le temps m'imposèrent. J'ai eu le regret de ne pouvoir visiter ni l'Université de Chicago, ni Vassar College à Poughkeepsie.

J'ai fait, à New-York, deux conférences pour l'Alliance française, une pour la

---

[1]. Je dois bien des remerciements à M. Delamarre, secrétaire de la Fédération de l'Alliance française, et à M. Sedgwick, curateur de l'admirable Institut Lowell, pour toute la peine qu'ils ont prise et l'obligeance infinie qu'ils ont déployée dans l'organisation de mes conférences.

Société des Professeurs français, une au Normal College, une dans une école privée, une enfin pour l'inauguration, sous la présidence de M. Jusserand, du cours public de littérature française organisé par M. Adolphe Cohn avec le concours de divers professeurs français des Universités et Collèges.

J'ai fait à Boston six conférences pour l'Institut Lowell, deux dans les deux groupes de l'Alliance française, une à l'Université Harvard.

Je suis allé, pour la Fédération de l'Alliance française, à Montréal (Canada), à l'Université de Yale (New-Haven), à Smith College (Northampton), à Mount Holyoke College (South Hadley), à l'Université Cornell (Ithaca), à Détroit, à l'Université Ann-Arbor (Michigan), à Pittsburg, à Baltimore, à Washington : une ou deux fois en chaque endroit[1].

---

1. Partout j'ai trouvé l'accueil le plus aimable et empressé des présidents, présidentes et secrétaires des groupes : on aurait peine à imaginer à quel point la prévenance et la cordialité ont été portées. Que tous et toutes soient ici remerciés.

Les sujets de mes conférences ont été pris surtout dans le XIX° siècle : c'étaient les groupes de l'Alliance ou les professeurs des universités et collèges où je devais parler qui faisaient leur choix sur une liste envoyée à l'avance. A l'Institut Lowell, j'ai parlé du théâtre contemporain : Augier, Dumas, Becque, Hervieu, de Curel, de Porto-Riche. Les professeurs français de New York m'ont demandé de leur exposer « comment il peut y avoir un enseignement du goût sans dogmatisme ». Pour l'inauguration du cours organisé par M. Cohn, j'ai traité « des caractères généraux et permanents de la littérature française ».

A New-Haven, à Pittsburg, j'ai parlé de quelques romans français contemporains : pour aider le public étranger à élargir le cercle de ses lectures, je lui ai présenté quelques-uns des meilleurs romans psychologiques, sociaux et régionaux de ces dernières années, de ceux dont les auteurs, en dépit de leur talent, ne voient pas encore s'exercer pour eux dans les deux mondes la réclame puissante de la presse, et qui peuvent donner à la fois la meilleure idée de la vie de notre peuple et du talent de nos écrivains.

J'avais cru devoir offrir dans ma liste un sujet qui n'était pas littéraire : « La France d'aujourd'hui. » Il m'a été demandé sept fois [1].

Enfin MM. Armstrong et Terracher m'ont invité à faire dans leur séminaire à l'Université Johns Hopkins (Baltimore) une explication d'un texte français, devant une demi-douzaine d'étudiants avancés et deux ou trois personnes invitées.

Donc, en quatre-vingts jours, j'ai fait, tant à Columbia qu'au dehors, plus de 60 leçons, cours et conférences. Travail dur, intense, qui détourne trop de regarder ce pays si intéressant, mais dont on est bien largement payé par l'attention, la sympathie, la courtoisie, la gratitude même des auditoires.

1. On trouvera plus loin (p. 243) le texte de ma conférence.

J'insiste là-dessus, pour que l'on comprenne bien le caractère des nòtes qui vc t suivre. Trois mois, c'est bien court pour connaître un grand pays. Encore ne suis-je pas un voyageur qui aie passé trois mois aux États-Unis, uniquement occupé à bien voir. J'ai eu beau ouvrir les yeux et les oreilles : j'ai été trop employé à parler pour regarder ou écouter autant qu'il aurait fallu ; j'ai fourni trop de travail pour avoir beaucoup de temps à donner à l'observation D'autre part, ce travail m'a peut-être procuré quelques occasions de voir des choses auxquelles le touriste ordinaire n'a guère d'accès ; et j'ai pu, vivant quelques semaines la vie d'un professeur américain, sentir peu à peu ce qu'une visite attentive d'un jour ne révèle pas au plus pénétrant.

Néanmoins j'aurais voulu, bien des fois, insister, m'approcher, m'arrêter davantage, étudier plus longuement, plus méthodiquement, contrôler mes premiers jugements ou les propos de mes interlocuteurs. J'ai dû passer vite, et ne pas revenir.

Je prie donc le lecteur de ne point se tromper sur la valeur que j'attribue aux remarques que je lui offre. J'ai pu user de tours affirmatifs, pour ne pas multiplier à l'excès les « peut-être », les « il me semble », ou les « on pourrait penser que »... J'ai pu user de phrases générales, parce que souvent il ne convenait pas de signaler expressément la source réelle ou l'occasion particulière de mon information. Qu'il soit bien entendu que je ne prétends pas avoir pénétré en trois mois la vie d'une des plus grandes nations du monde contemporain, pas même sa vie universitaire, que je n'ai pris avec cette vie qu'un petit nombre de contacts fugitifs, trop peu ou trop vite pour fonder des jugements assurés. Qu'on ne voie dans ce que j'écris que des impressions, des « appréhensions », un effort pour coordonner et classer une collection de souvenirs et d'images emmagasinés au hasard des rencontres, une interprétation provisoire, limitée et point du tout arrogante des faits que j'ai vus et des témoignages que j'ai recueillis. C'est un questionnaire que j'offre à ceux qui viendront après moi pour guider leur curiosité, une liste de choses à regarder et d'inductions à vérifier.

II

IMPRESSIONS DIVERSES. — LE PAYS.
A TRAVERS NEW-YORK.
ET A TRAVERS QUELQUES ÉTATS.
AU CANADA.

II

IMPRESSIONS DIVERSES. — LE PAYS.
A TRAVERS NEW-YORK ET A TRAVERS
QUELQUES ÉTATS. — AU CANADA.

La première impression que je reçois de
New-York, du pont de la *Savoie*, en arrivant,
le 3o septembre, de bon matin, est grande
et délicieuse. La mer s'est calmée. A l'aube,
les premiers rayons, presque horizontaux,
viennent frapper en dessous l'ourlet des
vagues : elles paraissent éclairées de l'intérieur comme dans les fontaines lumineuses. Par ce beau matin d'automne, une
brume toute pénétrée de soleil enveloppe et
allège les énormes silhouettes des *sky-
scrapers* dont l'éloignement annule la laide
architecture. Les bâtisses de 3o, 4o, 5o étages
paraissent à l'échelle dans l'immensité du

paysage. Du haut du pont de Brooklyn, du haut du *Singer's building*, cette impression se renouvellera : il faut ici de l'énorme pour remplir le cadre que la nature a tracé.

A cette heure matinale l'animation est déjà grande : de petits vapeurs vont et viennent comme des mouches ; de lourds *ferries* traversent la rivière avec leur chargement de voitures et de piétons.

L'air est vif, léger, tonique ; la lumière, exquise, éclatante et fine. C'est toute la lumière du Midi avec un vent d'ouest, sec et frais. Baigné de cette lumière, excité par ce vent, on travaille sans effort et dans la joie.

Rude climat tout de même. Le baromètre et le thermomètre y sont en danse perpétuelle. Pendant mes trois mois de séjour, le temps changeait en moyenne deux fois par semaine ; il s'établissait pour trois jours, et brusquement en quelques heures, le vent d'est avec ses averses et ses brouillards s'installait à la place du clair soleil et du vent d'ouest ; des torrents d'eau lavaient la ville ; nuit et jour j'entendais de ma chambre l'avertissement sinistre des sirènes sur l'Hudson. Après deux ou trois jours, le beau temps revenait comme il était parti.

Ou bien en deux ou trois heures dans une fin d'après-midi, le thermomètre baissait de 40° Fahrenheit ; de + 64, il descendait à + 24. La neige tombait : avant la nuit, il y en avait 20 centimètres dans les rues. C'était l'été à deux heures : à six heures, c'est l'hiver. Tous les toits — ces toits plats de New-York où l'on fait sécher le linge et où jouent les enfants — m'apparaissaient, de mon 10e étage, comme une vaste plaine blanche, où surgissaient çà et là, au lieu d'arbres, de maigres et anguleux profils de perches et d'appareils métalliques.

Trois jours de froid intense, de piétinement dans la neige épaisse et salie : brusquement le soleil brille et commence sa fonction de voirie. Il fait chaud ; il faut reprendre les habits d'été.

Ces variations soumettent la machine humaine, les nerfs et les poumons à une rude gymnastique : quand on y résiste, on s'y trempe ; à condition qu'on puisse faire le sacrifice des faibles et en réparer la perte, cela fait une nation solide, bonne pour l'action et la lutte.

Les bords de l'Hudson sont aménagés en promenade : c'est l'endroit le plus charmant de New-York. Je le préfère au Parc Central, parce qu'on y voit le fleuve et sa vie : à la fin d'octobre, cent vaisseaux de guerre sont venus s'y aligner sur un espace de 10 ou 12 kilomètres, sans encombrer la rivière ni y gêner un instant l'activité commerciale.

Un peu au delà de la ville, ou vers les parties qui ne sont ni ville ni banlieue, la rive opposée s'élève : ce sont les Palissades, de hautes falaises à pic, d'où l'on domine la bande étroite de roc sur laquelle s'allonge New-York. Il semble que le fleuve coule dans une profonde cassure. J'ai vu ce paysage par une journée de fin d'octobre : le brouillard n'éteignait que les couleurs neutres ; les tons vifs du feuillage automnal, le rouge des chênes et le jaune des érables, brisant le réseau de la brume, éclataient avec une intensité extraordinaire ; et dans la monotonie mélancolique du paysage gris, ces notes vigoureuses chantaient gaiement comme une protestation de la vie.

Maintes personnes, là-bas, m'ont demandé si j'aimais New-York : le sais-je ? Et comment le savoir ?

Ville trop vaste ; collection de villes, anglaise, grecque, italienne, juive, chinoise, et villes qui ne sont plus rien de connu, villes amorphes et disparates, villes modernes qui n'ont pas encore trouvé leur type de beauté, celui qui exprimerait harmonieusement la vie qu'elles renferment ; collection de toutes les architectures de tous les temps et de tous les pays, et de toutes les prétentions architecturales où tout se confond. Les plus belles avenues sont trop étroites pour la grandeur de la ville. Les rues de la Cité sont trop étroites pour la hauteur des *sky-scrapers* : placez l'Arc de Triomphe et la

Tour Eiffel dans la rue Quincampoix. Les *sky-scrapers* de 3o et 4o étages s'alignent à côté de maisons à 1o, à 8, à 5 étages : la rue découpe ainsi sur le ciel le profil dentelé d'une chaîne de montagnes.très inégale, ou plutôt elle fait l'effet d'une bouche édentée où sur la mâchoire dévastée se dressent encore, çà et là, quelques longues pointes solitaires.

On m'a dit que certains architectes, depuis peu, avaient réussi à donner de la beauté à ces monuments gigantesques. Ceux que j'ai vus manquaient en général d'équilibre et de proportions. Les façades n'avaient pas de lignes. On n'avait eu souci que de mettre les uns sur les autres le plus d'étages possible, sans tenir compte de l'étendue ni de la forme des terrains. Là où une maison de 5 à 8 étages aurait eu une hauteur en rapport avec sa largeur, on en élevait 4o. Le *Times building* est un produit de cette insouciance.

Comme on ne veut pas perdre de place, on multiplie les étages sans donner plus de hauteur à chaque étage : et tout paraît petit et bas. Les innombrables fenêtres superposées en rangs uniformes ont l'air des cellules d'un rayon de miel, ou des cases d'un immense distributeur. Les façades sont plates et ennuyeuses comme celles des fabriques de nos villes industrielles

Dans quelques bâtiments récents, on a cherché cependant à dégager des lignes, à réunir plusieurs étages dans des encadrements communs, à donner un peu de saillie aux deux ou trois étages d'en bas, qui forment comme une base où l'édifice repose, et aux deux étages du haut, qui composent un entablement. Il se peut que dans dix ans aucune de mes observations ne vaille plus.

La moitié de la ville que j'ai vue n'existera plus dans dix ans. New-York est continuellement en construction et en démolition. Une maison y dure quinze à vingt ans. On aime mieux rebâtir qu'aménager. Puis la vie industrielle et commerciale repousse incessamment vers le Nord les habitations privées : il faut jeter à bas les petites maisons à l'anglaise, les grandes maisons à larges appartements, pour élever les ruches colossales où s'installeront des centaines d'*offices*. La vie bourgeoise a reculé à l'Est jusque vers la 30e rue, à l'Ouest vers la 50e ou 60e. C'est pour une famille un signe de richesse ancienne et comme de noblesse que d'avoir encore son habitation à la 11e rue : bien peu sont dans ce cas.

La ville est immense. J'ai à peine mis le pied dans Brooklyn. Je connais la Cité, Manhattan, Harlem, c'est-à-dire des parties, des coins de tout cela, de la Batterie à la 150e rue : le *subway* a des trains qui vont jusqu'à la 235e rue. J'habite à la 103e rue : je suis à une douzaine de kilomètres de la Batterie, qui est à la pointe méridionale de la Cité. Dès que j'ai quelqu'un à voir ou quelque chose à faire, je prends l'*elevated* ou le *subway* ; le tramway électrique va trop lentement. De cette façon, toujours en l'air ou sous terre, je ne vois pas grand'chose de la ville. Ce n'est pas une ville où l'on flâne : on n'en a ni le temps ni l'envie. Les beaux étalages sont clairsemés : il n'y a pas d'excitation continue ; il faut franchir des espaces incolores pour passer d'une boutique intéressante à une autre. Je ne sais pourquoi les chaussées sont exactement plates, et non bombées : il s'y forme rapidement des trous, qui rendent la promenade en automobile assez dure, même dans les plus belles avenues.

Les averses de New-York lavent abondamment les rues, et les pentes facilitent l'écoulement des eaux. C'est heureux ; car le service de voirie est insuffisant dans cette agglomération de 4 millions d'hommes. Les principales voies, les avenues riches, les quartiers d'amusement ou d'affaires, sont très propres et très bien tenus. Les quartiers populaires, les rues excentriques, sont assez mal soignés. Il y eut une grève des boueux en octobre : elle dura huit jours. Six semaines après sa fin, je voyais encore çà et là, dans des quartiers juifs ou italiens, des monceaux de détritus et d'ordures qu'on n'avait pas enlevés.

Quand la neige tomba, Broadway, la 5ᵉ avenue et quelques grandes artères furent vite déblayées : on fit de grands tas de neige de place en place. Les pieds des passants nettoyèrent d'autres parties et tracèrent des chemins en fondant ou en battant la neige. Le chef du service de la voirie, interrogé sur la manière dont il comptait enlever les milliers de mètres cubes amoncelés ou étalés par la ville, répondit paisiblement : « Je compte sur le soleil. »

La Cité est grouillante de monde. On s'écrase dans le subway aux heures de la rentrée et de la sortie des bureaux. Aux heures distinguées, des centaines d'automobiles filent à grande allure dans la 5ᵉ avenue et dans quelques allées du parc central. Cependant un vieux Parisien qui connaît son Paris, est moins étonné du mouvement que d'en trouver si peu en dehors de certaines régions et de certaines heures. La circulation des voitures et des piétons dans beaucoup de parties de New-York n'a rien qui surprenne un Français.

Les rues transversales sont solitaires : le mouvement se fait du Nord au Sud. Le prix élevé des fiacres et des automobiles les fait rares ; et la commodité des *elevated*, tramways et *subways*, qui marchent toute la nuit, aide à s'en passer. Les distances et le bas prix des moyens publics de transport font qu'on ne va guère à pied. Si bien que ni les chaussées ni les trottoirs ne sont encombrés.

Le plan de New-York est géométrique : c'est froid, mais c'est commode. Au bas de la ville, les rues ont gardé l'enchevêtrement tortueux et les noms individuels de la vieille cité coloniale. Mais au Nord de la Cité, la ville nouvelle s'est bâtie en échiquier, ou en gril : dix longues avenues, que coupent 250 à 280 rues parallèles. Vingt rues, dans le sens de la longueur valent un mille. Transversalement, dans chaque rue, on compte cent numéros d'une avenue à l'autre. Il y a deux séries de numéros qui se comptent à partir de la 5° avenue, dans les deux directions de l'Est et de l'Ouest. Vous savez tout de suite par un calcul facile où se trouve la maison où vous allez.

Cette disposition n'excite pas l'imagination : on en apprécie vite les avantages pratiques, quand on réside quelque temps. Dans cette régularité, Broadway va de droite et de gauche, avec une lenteur sinueuse de vieille route musarde qui courut d'abord parmi les champs et la verdure.

La vie s'est développée en longueur, du Nord au Sud : lorsqu'on va de l'Est à l'Ouest, d'un bloc de maisons à l'autre, il semble qu'on change de ville. Vous êtes dans une rue pauvre ; les enseignes sont italiennes ou grecques. Vous traversez une avenue : la même rue s'est bordée de petits hôtels confortables ou de grandes maisons cossues : vous êtes entré dans la ville des millionnaires. Chaque avenue aristocratique coupe ainsi New-York du Nord au Sud d'une bande d'habitations élégantes qui couvre deux blocs en largeur.

Au milieu de la ville, entre la 58ᵉ et la 116ᵒ rue, s'étale le parc central, Luxembourg et Bois de Boulogne réunis ; il y a des allées élégantes et des coins silencieux, des eaux, des ombrages, des pelouses, des bassins, des jardins français encadrés de balustrades et décorés de statues, à côté des lacs de jardins anglais où les arbres trempent leurs rameaux. Partout affleure pittoresquement le roc naturel, et partout trottent les écureuils gris-d'argent, inquiets ou familiers.

Si j'aime New-York ? Je ne le sais pas, en vérité. Je ne puis pas dire que ce soit beau ; je n'y trouve pas ce qui m'y eût fait élire séjour, si on me l'avait dépeint. Mais ce que je sens, c'est que de cette énormité disparate, un charme fort émane. J'ignore ce qui m'a pris, mais j'ai été pris. Pour ma vie, je me sens attaché à cette bizarre et chaotique cité, à ses vulgarités, à ses laideurs, à ses mélanges, comme à ses aspects grandioses, à ses perspectives charmantes, à sa lumière incomparable. Je comprends

— sans en savoir plus qu'eux les raisons — l'amour des New-Yorkais pour leur ville.

Ce que j'ai le mieux vu, après New-York, c'est Boston. Tout de suite l'attrait de Boston opère : ville anglaise, distinguée et confortable en certaines parties ; ville, si je puis dire, parisienne en une ou deux rues, comme Boylston-street, où se continuent les étalages élégants, et où l'on flâne avec plaisir parmi d'autres promeneurs qui flânent ; ville américaine par son incessante extension et ses rapides transformations, par les travaux et les projets qui découvrent à l'étranger l'avenir qu'on prépare, comme chez nous on lui découvre le passé dans ses débris pieusement conservés. Pourtant Boston — chose rare en ce pays — a un passé. Si rien ne reste de la vieille ville que le dessin des rues, les trois vénérables anciens cimetières coloniaux, la glorieuse State House, et une maison de bois du XVIIe siècle, d'ailleurs rebâtie, s'il n'y reste

même pas les descendants de ses fondateurs qui sont allés vivre dans les quartiers modernes, si l'agitation bavarde,
bruyante, gesticulante, des immigrants italiens y a remplacé l'austérité puritaine,
cependant le passé vit dans l'âme des Bos-
toniens : c'est la seule ville où j'aie senti
constamment dans les pensées des hommes
un retour fier et tendre vers les origines,
qui n'affaiblit pas d'ailleurs l'élan vers l'avenir. A propos d'un lieu, d'un édifice, d'un
nom, à chaque pas, le Bostonien de race
reçoit de sa ville et accueille complaisam-
ment l'invitation d'en réveiller le passé,
d'évoquer les jours glorieux ou sombres de
son histoire.

Vingt-quatre heures à Washington ont
suffi à me remplir de la noblesse de la cité
fédérale. Au plan en gril, si commode pour
la pratique, se superpose un plan en éven-
tail, qui envoie des avenues divergentes
couper la monotonie du quadrillage fondamental. Dans ces vastes espaces, les édifices
de goût Empire et Gréco-romain s'harmoni-

sent à la largeur des voies. C'est un soulagement au sortir de tant de villes sans style, où la prétention malheureuse à l'effet d'art alterne avec la vulgarité insouciante de l'art, c'est un soulagement de rencontrer une ville qui a un style, où les édifices ont des lignes et des proportions, où la noblesse un peu froide, la dignité un peu lourde du néo-classique américain s'égaie dans les verdures, s'allège dans la lumière. Etrange capitale pour ce pays de *business-men*, d'usines, de dollars et de fumée ! Mais non : symbole exact d'une volonté d'ennoblir la richesse produite par un travail forcené, en recueillant l'héritage de beauté et de sérénité noble de la civilisation de l'ancien monde. N'est-ce pas, là-bas, l'ambition généreuse de l'élite ?

J'ai entrevu comme dans un rêve quelques rues de Baltimore, calmes, sérieuses, bordées de riches magasins, et cette vallée profonde, sauvage et charmante, qui fait à la ville le plus merveilleux des parcs ; — Pittsbourg, déployé interminablement sous sa calotte de fumée ; — Détroit avec ses belles places et ses larges voies, bizarrement égayées dès la nuit tombante par la multitude cocasse des affiches lumineuses ; — Buffalo, appuyé à son lac Erié, d'où soufflait un vent glacé qui, au coin de chaque bloc, assaillait le passant ahuri, le secouait de remous furieux et contradictoires.

Et de ces trains où j'ai habité tant d'heures, de ces trains durement attelés dont les heurts vous disloquent avec une douloureuse brusquerie, où j'ai dormi, dans la chaleur épaisse des *lower-berths* et le courant d'air aigu des *upper-berths*, de courts sommeils coupés par la brutalité des arrêts et des démarrages [1], où j'ai mangé les menus médiocres, mais non pas simples, des *dining-cars*, et l'infâme cuisine des nègres opérant aux buffets des *parlour-cars*, où j'ai goûté des journées entières dans les Pullmann la paix et le confort des bons fauteuils pivotant : — par les fenêtres des wa-

---

1. N'étaient ces heurts, au total, on dormirait bien ; on peut voyager la nuit sans fatigue, et économiquement.

gons, j'ai vu les agréables vallées de la Pensylvanie, les escarpements pittoresques des Alleghanys, les ondulations verdoyantes de la campagne des environs de Boston, les admirables vallées de la White-River et du Connecticut, avec leurs rochers, leurs cascades, leurs torrents, leurs pentes abruptes couronnées de bois, et partout les magnifiques feuillages d'automne, les larges rivières, les vallées spacieuses ou les gorges étranglées, les horizons brusquement fermés ou largement ouverts, dans une fine lumière dorée ou dans la gaze bleuissante des brumes. Que d'instantanés mes yeux ont pris, dont l'évocation me sera toujours chère !

J'ai vu les *railways* pénétrer au cœur des villes, comme nos vieilles routes de France, et les trains s'arrêter, comme nos diligences d'autrefois, sur la place, devant la maison de ville, et à côté de l'Église : la ville, comme nos villages au bord des routes, s'est allongée des deux côtés de la voie. La station n'a pas toujours créé la ville, ello l'a du moins souvent vivifiée, elle lui a donné l'essor. Pays moderne où la circulation vitale s'est faite d'abord par les routes de fer, où le réseau des railways ne s'est pas comme chez nous tardivement juxtaposé et substitué aux bons « Pavés du roi ».

J'ai vu les cataractes du Niagara : au premier abord, la largeur saisit plus que la hauteur. De là la désillusion de certains voyageurs. Il faut s'approcher pour se rendre compte que cette hauteur, qui n'est que le quart de la largeur dans la chute américaine, le douzième dans le Fer à cheval canadien, est une hauteur prodigieuse, de plus de 5o mètres. Le soleil m'a manqué ; lui seul donne toute leur beauté aux chutes écumeuses et à l'eau vaporisée qui monte en fumant. Mais le jour gris et morne était excellent pour faire valoir la violence brutale des rapides au-dessus de la cataracte, et, au-dessous, la chevauchée vertigineuse des eaux qui se battent dans le passage étranglé du Tourbillon.

Mais qu'est-ce que ces courtes et fragmentaires visions ? que puis-je dire que j'aie vu de la terre des États-Unis ? Je me sens pareil à un voyageur qui aurait vu de la France un quartier de Paris et deux ou trois sous-préfectures.

Une sensation me poursuit à travers tous ces paysages. Il y manque un élément de plaisir esthétique qui ne fait guère défaut aux paysages européens, plateaux de Castille ou vallées de Thuringe, plaines même de Poméranie ou de Russie. Je veux dire l'enrichissement de l'impression pittoresque par l'évocation d'un passé humain. Du paysage américain ne se dégagent pas d'émotions historiques : du moins il ne s'en dégage pas à mon ignorance française.

Je le sens bien, c'est mon ignorance qui est l'obstacle. Pour un Américain lettré, qui sait l'histoire de son pays, et ces trois grandes époques, la colonisation, la guerre de l'indépendance, la guerre civile, une foule de lieux, une foule de noms parlent, qui ne me disent rien. Je sens bien que l'indigence est en moi, non dans cette terre, quand par hasard une occasion raccroche ce que je vois à mon histoire pour Français, apprise en France. C'est tantôt, près de New-York, sur une côte basse, un nom comme New-Rochelle qui évoque l'émigration protestante d'après la Révocation, tantôt vers les Lacs, et dans l'Ouest, un nom d'homme, un nom de rue, un nom de ville qui me représentent l'activité héroïque de nos trappeurs, de nos trafiquants, de nos officiers, toute cette affirmation merveilleuse d'un génie colonisateur trop souvent méconnu et trop souvent endormi : à Détroit, je loge à l'hôtel Pontchartrain, tout près de Cadillac Square, et l'île qu'un pont relie à la cité s'appelle Belle-Isle.

J'ai passé quarante-huit heures au Canada — pas une minute de plus : — Montréal sous la pluie, Québec dans le brouillard ; partout le ciel en eau et la terre en boue. Mais à Montréal, au club où m'amenait la cordialité chaleureuse de mes hôtes, dans

les rues, en tramway, j'ai entendu sonner
un bon français natif[1], non pas le français
de Berlitz ou des docteurs en philosophie,
mais un vrai parler de France et même de
Basse-Normandie, savoureux d'archaïsme
et coloré d'accent : je me croyais, je me
sentais « chez nous ».

Et Québec, ce roc colossal qui s'avance
en pointe au confluent de deux vastes
fleuves : avec l'entrée de New-York, c'est
le plus beau paysage américain que j'aie vu.
De la magnifique terrasse qui domine la
basse ville, je regardais, dans l'après-midi
d'un jour pluvieux, s'étaler la masse immense
des eaux, entre des rives décolorées ; dans
le lointain une ligne de collines neutres
bornait l'horizon. Une vapeur fine, sans
arrêter la vue, enveloppait tout, éteignait
et fondait tous les tons ; c'était une immensité grise, uniformément triste et profondé-

1. Un peu veiné d'anglicismes : *marchandises sèches* (lai-
nages et draps) ; *fourniture* (mobilier); *je vous prends à
votre hôtel* (je vous y conduis en voiture ou en automobile) ; etc. Les Français de New-York se laissent aussi
imprégner ; j'entends dire : une *lettre enregistrée* (recom-
mandée) ; *faire une application* (s'adresser à), etc.

ment nostalgique. Mais en cinq minutes, je me retrouvais en France : il suffisait de descendre dans la vieille ville.

Les Anglais ont eu le bon goût, le généreux bon goût de respecter la ville française : elle subsiste dans l'enceinte de ses remparts transformés en promenades ; la ville anglaise s'est bâtie à côté. Dans toutes les rues, toutes les boutiques ont des enseignes françaises. La cathédrale des XVIIe et XVIIIe siècles, lumineuse, riante, coquette, ornée, bien « Louis XV » avec les courbes molles de ses fenêtres, les balcons ventrus de ses galeries, et les panneaux d'attributs symboliques qui égaient la froideur des murailles, est noble et sérieuse malgré tout, telle qu'il la fallait à la religion claire et pratique de ces Français ; elle est un peu teintée aujourd'hui de sévérité anglaise et protestante par la structure uniforme et le ton rougeâtre des bancs d'acajou qui remplissent la nef. Çà et là, par la ville, des chapelles de communautés, d'humbles églises sans style, et qui pourtant ont un

style, une sorte d'élégance modérée qu'on
peut dire française. J'en vois une qui porte
la date de 1819 : une petite église paysanne
comme il y en a des centaines dans nos
faubourgs et nos villages, et qu'on ne re-
garderait pas chez nous, si leste et si gen-
timent troussée avec ses baies cintrées, ses
proportions justes et son clocher effilé,
qu'on la remarque en ce pays de bâtisses
prétentieuses, énormes et disparates.

Si rapide que soit ma visite à Montréal et
à Québec, il est impossible de ne pas sentir
que ces Canadiens sont de purs Français
de naissance, et qu'ils sont à jamais Anglais politiquement. Et c'est une pensée
qui serre le cœur, devant la vie intense de
Montréal, cette quatrième ville française
du monde, devant le site incomparable et
le charme domestique de Québec, de se dire
qu'un tel pays fut nôtre et ne le sera plus
jamais.

Quand on songe de quelles ignorances,
de quelles négligences, de quelle étroi-
tesse intellectuelle des gens en place et des

classes supérieures cette perte a été l'effet,
on se dit que nous avons commencé à payer
cher dès ce temps-là notre belle culture
routinière. Ni nos ministres, ni notre public
n'avaient encore « réalisé » la découverte
de l'Amérique : elle existait vaguement
dans la mémoire des écoliers, dans la fantaisie des écrivains, à demi irréelle encore
et flottante, objet de curiosité romanesque,
en dehors du domaine des intérêts sérieux
de la vie. Elle n'était pas encore entrée
dans la représentation du monde moderne
qui dirigeait la conduite des gouvernements
et les aspirations de l'opinion publique. Ces
gens du monde et ces gens de Cour qui
avaient fait leurs classes chez les Jésuites
ou dans les collèges de l'Université, ne
voyaient encore que la civilisation méditerra-
néenne, l'Empire romain [1], le Saint Empire
romain germanique : les cadres historiques
de l'antiquité et du moyen âge n'étaient pas

---

1. Napoléon même en était encore là : voyez la cession
de la Louisiane en 1803. Mieux eût valu qu'il eût été nourri
des *Lettres édifiantes* que de Quinte-Curce.

remplacés dans leur esprit ; ils ne sortaient pas de l'Europe, toute leur culture de beaux esprits et d'humanistes les empêchait de sentir ce qui n'échappait pas à des marins grossiers, à des marchands peu lettrés, à d'humbles prêtres des missions. Les grands « rhétoriciens » de la Compagnie de Jésus se bouchaient les oreilles pour ne pas entendre la leçon des Marquette et des Charlevoix. Quand nous avons compris qu'un monde nouveau s'ouvrait à l'effort humain, qu'une seconde France était en train de se créer, plus grande que la mère patrie, avec des possibilités indéfinies de développement, et que les champs de bataille de la civilisation, dans l'avenir, seraient là-bas, il n'était plus temps.

III

IMPRESSIONS DIVERSES.
LES HOMMES. — L'ESPRIT ET LA VIE

III

IMPRESSIONS DIVERSES. — LES HOMMES
L'ESPRIT ET LA VIE

Dans les tramways de New-York, dans l'*elevated*, dans le *subway*, l'impression dominante est celle du mélange humain qui se brasse dans cette ville. Sur la banquette ou debout devant moi, à côté de moi, je vois toutes les races, tous les types humains ; des figures rosées et correctes de gentlemen, des laideurs anguleuses, sérieuses et honnêtes d'Anglaises non conformistes, de lourds cheveux noirs et des gestes vifs d'Italiennes, des yeux inquiets et des bouches nerveuses de Juifs qui lisent un journal hébreu, des faces rondes de Slaves, des visages jaunes et des yeux bridés de Chinois sans queue, en vestons de confection, de bons mufles de négresses souriantes, dont la peau noire se colore des reflets de vastes feutres violets — et quel violet ! — enfin toute une foule sans caractère, sans unité ni distinction de type, très diverse de mise, d'élégance et de propreté, avec, à certaines heures, un air commun de lassitude ou d'excitation. Impossible de définir un type qui soit le type américain.

De temps à autre, cependant, une jeune fille svelte, bien musclée, aux traits réguliers, au profil pur, cheveux blonds ou châtains, œil bleu limpide, regard rieur, franc et décidé, gestes souples et sûrs, rien de la raideur anglaise, un mélange de force et de grâce, une expansion de vie libre, riche, joyeuse : voilà ce qui me paraît bien être le type américain de la « girl ». Les Américains sont fiers de leurs femmes : ils ont raison. Évidemment, dans sa pleine perfection, le type n'est pas commun : mais tel qu'on le trouve assez fréquemment, il a un charme sain et puissant.

On m'avait beaucoup parlé de la brutalité du peuple américain ; j'ai lu beaucoup de notes des voyageurs là-dessus. Je ne les contredis pas : ils ont vu ce qu'ils peignent. Mais ce que j'ai vu n'est pas tout à fait cela. La foule que j'ai vue était remarquablement gaie et de belle humeur. Je n'ai pas assisté à une dispute. Aux arrêts et aux départs qui faisaient osciller « comme des épis mûrs » toute la masse humaine dont le wagon était bourré, chacun s'abattait sur le voisin qui transmettait la pression, et ainsi de suite. Le porteur de journaux tombait sur la femme en toilette de soirée, qui s'inclinait sur la négresse, laquelle s'effondrait sur le mécanicien aux vêtements gras ; quand le choc s'était transmis à l'autre bout de la voiture, de là partait une pression inverse qui remettait tout d'aplomb : tous les visages souriaient. Pas une bourrade, pas un grognement. J'ai, certes, été parfois bousculé à la sortie ou à l'entrée des wagons, ou dans la rue : presque toujours j'ai entendu aussitôt un « Excuse me ». Je pense bien que la brutalité dont on parle existe par moments. Ma brève expérience m'a

découvert d'autres moments. Voilà tout.
Avis aux généralisateurs.

Dans cette dissemblance de types ou
cette diversité d'origines, il me semble bien
qu'un certain caractère commun se mani-
feste, perceptible même dans les frôlements
de la rue et des trains : un franc esprit
d'égalité et une sorte de sociabilité allègre.
Ces gens de mise et de fortune si diverse,
dans la promiscuité momentanée du *subway*,
n'apportent les uns envers les autres ni
réserve dédaigneuse ni hostile défiance ; tous
acceptent de bonne grâce les rapports forcés
que ce contact impose. Cette foule n'a dans
les manières ni la timidité farouche qui naît
de la grossièreté ni la froideur distante que
développe une certaine forme de savoir-
vivre : elle n'est ni indiscrète ni sauvage.
On ne cherche ni ne fuit les occasions de
parler au voisin : on le fait par rencontre,
brièvement, avec une aisance simple et
ouverte.

D'ailleurs la vie dissuade la morgue ; qui
sait si le pauvre hère râpé qui vous coudoie

n'aura pas eu l'an prochain la chance ou l'idée qui le remettront à flot, et ne sera pas inscrit avant dix ans dans la liste des milliardaires ? Qui sait aussi si le *business-man* au plastron irréprochable ne sera pas content dans quelques mois de trouver des journaux à porter ou quelque travail de manœuvre ? La circulation des individus d'un étage à l'autre de la société est trop active pour permettre aux préjugés de classe d'acquérir une grande force [1].

Le monde que j'ai vu plus intimement est celui des universités : professeurs, et hommes de tous états qui ont étudié dans les Universités, dans celles surtout de Harvard et de Columbia.

Quelques-uns ont le type du *gentleman* anglais, avec quelque chose de plus détendu et de plus souple dans l'attitude. D'autres ont le type du docteur allemand, un peu dégourdi et allégé. D'autres représentent diverses nationalités européennes :

1. Il en existe pourtant dans certaines sphères : cf. plus loin, p. 76.

Italiens, Suisses. Quelques-uns se distingueraient à peine de nous, s'ils venaient ici. Je crois apercevoir un type plus particulièrement américain : c'est l'homme au visage rasé, à l'air ouvert et résolu, un peu froid au repos, mais qui s'éclaire tout de suite de franche cordialité quand un ami l'aborde, et de curiosité intelligente quand un objet intéressant se présente à lui, toujours agissant, pressé, regardant én face choses et gens, voyant les difficultés et ne s'en troublant pas, allant de l'avant, méthodiquement, s'il a le temps de préparer son plan, à l'aventure, et certain de se débrouiller, s'il est pris de court, plein d'endurance, et voulant être pleinement homme, homme de savoir et de goût, homme d'action, homme de sport, plus calme ou plus fébrile selon son tempérament, qui pourra parfois finir par la neurasthénie, mais qui jamais n'envisagera la possibilité de vivre sans rien faire, en rentier.

La vie professionnelle et la vie de famille sont entièrement séparées : chaque homme a son *office* au bas de la ville dans la cité, où il reçoit ceux qui ont affaire à lui. Il a sa maison ou son appartement dans la ville, à l'est ou à l'ouest du Parc Central : seuls les amis y ont accès. L'étranger auquel on fait la faveur de l'y admettre, y est reçu avec une familiarité exquise ; sans compliments, on le met à l'aise ; on le traite dès le premier jour en ami ; et rien ne m'a plus rendu le charme de la vie française que quelques dîners intimes de six, huit ou dix personnes, où la causerie, libre, confiante, touchait à tout, sans commérage et sans pédantisme.

La solidité de ce caractère m'a frappé. L'homme qui vous a ouvert sa maison, ne vous a fait, ne vous fera aucune protestation. Mais il se comportera en ami en toute occasion : son amitié est sûre, active, fidèle. Vous pouvez compter sur lui.

J'ai noté aussi, dans un certain nombre de cas, une probité intellectuelle d'une rare qualité. L'Américain que j'ai connu, voit les faits et s'y soumet ; je ne veux pas dire qu'il s'y résigne. Non. Sa conscience pourra les juger sévèrement, sa volonté les combattre énergiquement ; il travaillera, s'il lui plaît, à les supprimer. Mais son esprit n'y résiste pas. Quels que soient ses sentiments et ses intérêts, il accepte ce qui est, comme étant. Les faits ont beau le gêner, il ne les nie pas, il ne ruse pas pour éviter de les regarder. Il ne cultive pas l'art sentimental de l'illusion, si cher aux faibles. Précisément parce qu'il est homme d'action, il sait qu'il faut partir de données exactes pour tirer des raisonnements valables et prendre des mesures efficaces. Il sait qu'on ne commande à la nature qu'en lui obéissant, et qu'en fermant les yeux aux faits, on ne fait que s'ôter les moyens de s'en rendre maître.

De là la facilité, étrange pour un Français, qu'on trouve à causer des sujets les plus brûlants avec un Américain. Pourvu qu'on garde soi-même son sang-froid, et qu'on ait un peu d'esprit positif, on peut énoncer ses préférences, ses doctrines, ses croyances comme des faits ; on peut mettre sous les yeux de son interlocuteur les faits

qui dérangent ou choquent ses opinions :
jamais on ne le blesse, si on n'emploie pas
des mots blessants. J'ai pu causer paisiblement de la séparation de l'Église et de l'État
avec des catholiques américains ; cela ne
m'est jamais arrivé chez nous. Je ne me sentais pas contraint là-bas à fuir ce sujet : on
m'invitait à y entrer, on m'y précédait.

J'ai vu des preuves de la probité d'esprit dont je parle, à la fin de l'année 1911,
dans l'affaire Mac Namara. Deux frères dont
l'un était secrétaire d'un syndicat, étaient
accusés d'avoir organisé des attentats anar-
chistes. Ils niaient. Le parti socialiste fit
une souscription qui produisit 950 000 francs,
pour payer les frais de la défense. Une société industrielle, lésée par un des attentats,
mit en campagne un détective privé qui an-
nonça qu'il prouverait la culpabilité des
Mac Namara. Ils continuaient de nier. Les
socialistes affirmaient violemment leur innocence. Tout à coup, la veille ou l'avant-
veille du jour où les débats du procès de-
vaient s'ouvrir, ils firent des aveux. Ils les

distribuèrent de façon à éviter la peine de mort. L'un des deux·prit à son compte l'explosion qui avait fait sauter le bâtiment du *Times* à Los Angeles, et tué 21 personnes ; l'autre se déclara coupable de la destruction d'un immeuble industriel, qui n'avait pas de victimes.

Ces aveux retentirent dans toute l'Amérique comme ceux jadis, chez nous, du colonel Henry. Des détails inquiétants sortirent. Des questions embarrassantes furent posées aux *leaders* socialistes. Comment avaient-ils pu ignorer la vérité ? Comment avaient-ils pu verser 5.000 francs par mois à l'un des Mac Namara, au temps des attentats, sans avoir jamais de curiosité sur l'emploi qu'il en faisait ? Comment, s'ils croyaient à l'innocence, avaient-ils pu ignorer ou tolérer que la défense, avec laquelle ils se concertaient constamment, achetât des témoignages ? Comment, s'ils n'y croyaient pas, avaient-ils laissé les travailleurs apporter leur argent à la souscription ?

Mais' ce qui pour moi fut le plus frappant dans l'affaire, c'est que les organisations socialistes ne travaillèrent pas à éluder les faits, à les maquiller, à les sophistiquer, à en fausser le sens. Un grand nombre de syndicats se révoltèrent contre les grands chefs : d'autres les sommèrent d'apporter des explications. D'un mouvement unanime, le reste de la souscription fut appliqué aux victimes de Los Angeles et à leurs familles.

Ce n'était pas seulement le vieux fond de moralité puritaine qui se manifestait : c'était une loyauté d'esprits positifs qui ne trichent pas avec la réalité.

J'ai connu trois ou quatre hommes de fine et riche culture, curieux de lettres et d'art, idéalistes avec ferveur, qui se sont fait une échelle des valeurs et donnent à chaque chose la place exacte qu'elle leur paraît mériter dans leur vie : gens de cœur haut et de sens ferme, positifs dans le rêve, et qui mettent au service du plus généreux idéal un esprit pratique d'homme d'affaires, une prudence réaliste, une énergie avisée et tenace. Evidemment ce type n'est pas commun : en quel pays ne serait-il pas rare ? Mais partout il importe que l'élite se fasse un idéal de caractère vraiment désirable ; et je ne crois pas me tromper en me disant que c'est vers ce type-là que va l'élite américaine. C'est l'un des plus beaux types d'humanité civilisée qui aient jamais été réalisés à aucune époque de l'histoire.

Le Yankee, le milliardaire qui n'est pas encore décrassé, le *business-man* qui, dans la lutte pour l'argent, ne voit plus que l'argent comme but de la vie et principe de distinction entre les hommes : ce type-là, je ne l'ai pas vu, je ne suis pas entré en rapports avec lui. Je sais qu'il existe. J'ai vu des indices, des effets de son existence.

Il y a, répandu dans toutes les formes de la vie, un goût de l' « outre-mesure » dont il faut sans doute chercher l'origine dans cette partie de la population. Pour des natures sans finesse, les choses ne sont senties qu'en excès. Il faut de l'énorme, du trop. Ce n'est pas le goût allemand du « Colossal » où il entre tant d'orgueil. On ne distingue pas ici entre *big* et *great*, entre le gros et le grand. L'enrichi a besoin de payer cher, pour être assuré d'avoir du meilleur. D'où la réclame de certains hôtels qui se disent, chacun pour leur part, *le plus cher du monde*.

L'Américain du type grossier voudra son *office* dans le bâtiment le plus élevé, le plus somptueux, le plus cher, qui ait le plus vaste hall et le plus revêtu des marbres les plus rares, les plus imposantes rangées d'ascenseurs, les plus rapides ascenseurs express pour le transporter d'un coup au 15ᵉ, au 20ᵉ étage. De là le succès du Singer's Building.

Il a besoin de gaspiller pour prouver qu'il a de l'argent : il faut trop de chaleur dans sa maison, trop de nourriture sur son assiette, un moteur trop fort à son auto, trop de lumière électrique pour l'éclairer.

Il lui faut des cocktails et des sucreries, des piments et des confitures, des boissons

bouillantes et de l'eau glacée, du beurre re-
froidi à la glace et du pain sortant du four
qui brûle les doigts. Son palais ne perçoit
aucune saveur fine : il lui faut des sensations
extrêmes, contradictoires ; alors il sent.

Il ne goûte de beauté que dans la destruction ou la défaite brutale de la nature.
Il méprise le jour naturel : des architectes
lui feront de beaux hôtels somptueux, où,
selon la formule, tout le confort moderne
sera rassemblé ; et à midi, par les jours les
plus clairs, il aura besoin de la lumière
électrique dans sa chambre, à son bureau,
pendant son lunch. J'ai vu des salles à manger de grands hôtels, qui n'ont même pas
de fenêtres. Puisque l'homme a inventé la
lumière artificielle, on n'a plus besoin du
soleil : on lui laisse, pour le moment, les
légumes à faire pousser.

Un beau projet, c'est de faire au milieu
de la rivière Charles, entre Boston et Cambridge, une île artificielle, sur laquelle on
mettra une cathédrale. Ce sera beau, parce
que cela coûtera cher, et parce que ce sera

un effet de force humaine. La rivière qui s'étale en nappe magnifique, en sera défigurée ; mais quel intérêt peut avoir cette eau surabondante qui est venue là toute seule ?

Tous, le Yankee, l'homme cultivé, l'étudiante, la femme du monde, sont patriotes ; et il y a encore de l'énorme, de l'effréné, de l'immodéré dans leur patriotisme. Quelques hommes d'élite ont un sentiment éclairé et juste de la grandeur de leur patrie : ils ne croient pas nécessaire de mépriser les autres patries. La masse n'y met pas cette discrétion.

C'est peut-être la première chose dont on ait la perception nette, dès qu'on a mis le pied en ce pays, la première qui se dégage des impressions multiples et confuses dont on est assiégé. Tout, les journaux, la rue, la conversation, vous révèle très vite à quel point le patriotisme américain est chaleureux, excité, ombrageux.

Tout succès d'un Américain est applaudi par toute la nation. Toute l'Amérique s'intéressait à la fin de 1911 au maintien d'un fonctionnaire américain en Perse, se passionnait contre la Russie acharnée à le faire partir, sans réflexion ni intérêt politique, simplement parce qu'on était fier qu'un Américain eût un grand rôle en Perse.

Quand le pape fit trois ou quatre cardinaux américains, ce fut une joie nationale. Sans acception de *credo* confessionnel, tous les journaux s'enorgueillirent de la place que les États-Unis prenaient dans l'Église catholique : tous accueillirent l'espoir d'avoir à la première occasion un pape américain. Tous laissèrent voir que c'était dû à l'Amérique, que son tour était venu.

L'Américain commun croit volontiers que toutes les découvertes sont américaines, que rien ne se fait ailleurs aussi bien qu'en Amérique, et surtout que tout est plus grand en Amérique qu'ailleurs. *The greatest in the world, the biggest in the world :* ce sont les mots que l'on entend et qu'on lit à chaque instant.

Avec ses illusions de supériorité universelle et sa conversion fréquente en dédain des autres peuples, le patriotisme de l'Américain est une force nationale, une source profonde et inépuisable d'énergie, de dévouement et d'union. Il y avait autre chose que de la curiosité pour un spectacle extraordinaire dans ce million d'hommes qui, le premier dimanche de novembre, s'entassaient sur le bord de l'Hudson pour voir les 102 bâtiments de la flotte de l'Atlantique dont la longue file occupait le milieu de la rivière pendant 8 ou 9 kilomètres : on sentait dans cette foule une fierté ardente devant le déploiement de cette grande force navale, et si le gouvernement, comme on l'a dit, n'a eu pour but dans cette importante démonstration que d'exciter l'intérêt pour la marine et de préparer une demande de crédits, il a bien réussi. L'enthousiasme populaire a jailli.

Je me trouve en Amérique au moment où commence l'agitation pour l'élection du Président. J'entends partout discuter sans passion les chances des partis et des hommes. Tout le monde, dès ces mois d'octobre-décembre 1911, est persuadé que M. Roosevelt sera candidat. Beaucoup accordent de grandes chances à M. Taft. Un certain nombre croient le succès des démocrates possible, grâce à la division des républicains. Quelques-uns ajoutent : et si le parti choisit M. Wilson pour candidat.

Parmi les hommes d'Université que j'ai vus, un bon nombre sont démocrates. D'ailleurs j'ai entendu discuter deux hommes très intelligents et très versés dans la politique, sans qu'ils aient pu s'accorder sur la portée des mots *républicain* et *démocrate*. L'un soutenait qu'ils n'avaient qu'une valeur historique, que l'on entrait aujourd'hui dans les deux partis par le hasard des amitiés, des relations et des circonstances, et qu'ils ne correspondaient à aucune différence de principes. L'autre maintenait que le parti républicain était plus unitaire et centralisateur, plus disposé à renforcer le pouvoir central et les liens fédéraux, tandis que le parti démocrate était plus jaloux de l'indépendance et des droits particuliers des États : mais il accordait que cette différence était surtout théorique.

Naturellement j'ai beaucoup entendu parler du président Roosevelt. Les jugements sur cet homme sont très variés. « Intelligence ouverte, disent les uns, souple, active et douée de rares facultés d'assimilation ; homme de décision, de sang-froid et d'énergie, dévoué à son pays, aux aspirations nobles, et sachant simplifier les raffinements de la pensée idéaliste comme il le faut pour la faire pénétrer dans l'âme des foules et produire ses conséquences dans le monde des faits. » Les autres disent : « Esprit vulgaire et superficiel, qui ne pénètre pas le fond des choses et qui peut-être a peur d'y pénétrer, d'y rencontrer les difficultés ; homme habile à suivre sa fortune, et qui n'est point incapable de compromis ou de complaisance ; politicien aux mains propres, mais politicien tout de même, qui ne voudra le bien du pays que dans la mesure et de la manière dont la grandeur de Teddy en profitera. »

De ces deux figures, laquelle est la vraie ? Je l'ignore, j'incline à donner raison aux premiers : j'ai été frappé, quand M. Roosevelt passa par Paris, de sa vaste connaissance des hommes, de la richesse de son expérience, de la générosité indubitable de la conférence où il définit, dans une forme accessible à toutes les intelligences, les principes et les conditions de la moralité politique. Cependant M. Roosevelt ne dédaigne pas d'être habile : j'ai lu dans sa Revue *Outlook* un article philosophique sur le déclin actuel du matérialisme qui manquerait un peu trop de profondeur et de subtilité, s'il fallait y voir autre chose qu'une manœuvre politique pour rallier les croyants des diverses religions à la future candidature. Les catholiques d'ailleurs n'en purent être contents.

J'ai vu bien peu de chose des mœurs politiques. Deux ou trois observations seulement peuvent présenter quelque intérêt.

On sait que M. Taft a conclu des traités d'arbitrage avec l'Angleterre et la France. Le sénat devait être appelé à les examiner et à les ratifier ou rejeter : il vient de le faire, en y introduisant de graves modifications qui mettent toute l'œuvre en péril. Il s'agissait alors de préparer l'opinion, de la gagner ou de la faire publiquement déclarer pour l'arbitrage. Un grand meeting fut organisé, où parurent sur l'estrade M. Carnegie, le Président Butler, et quelques autres hommes considérables. Un obscur avocat allemand eut l'idée de combattre ce mouvement : l'Allemagne ayant décliné l'offre de conclure un traité d'arbitrage avec les États-Unis, voyait de mauvais œil les accords de la France et de l'Angleterre. Ce Germain de New-York crut servir son pays d'origine en « sabotant » le meeting des partisans de l'arbitrage. Il rassembla des Allemands et des Irlandais, qui envahirent la salle, poussèrent des hurlements, jouèrent de la trompe, saccagèrent le mobilier, et bousculèrent les respectables personnages de l'estrade. Personne ne put prendre la parole, et l'on dut lever la séance. Dans les communications qu'il fit aux journaux, le triomphateur laissa échapper que « tout ce qui se faisait pour la paix, se faisait contre l'Allemagne » : si ce ne sont pas les mots, c'est bien la pensée de cet enfant terrible. Ce tapage fut universellement blâmé, et aurait fait grand tort à l'Allemagne dans l'opinion, si son champion avait eu personnellement un peu plus d'importance.

On n'admet pas là-bas ces procédés : on ne combat une manifestation d'opinion qu'en réunissant un meeting, s'il se peut, plus nombreux pour une manifestation contraire. C'est une des règles fondamentales du *fair play* en politique.

J'ai parlé plus haut des habitudes et des sentiments d'égalité que certaines apparences extérieures de la vie dénotent. Ceci appelle quelques réserves. Il y a des sentiments d'inégalité qui apparaissent dans la vie sociale et politique. Si la noblesse

n'existe pas, certaines sociétés y suppléent :
il existe des associations d'hommes et de
femmes qui descendent des familles ayant
participé à la guerre de l'Indépendance ; et
c'est avec une fierté aristocratique qu'une
Américaine parle de ses aïeux coloniaux.

Il y a aussi une aristocratie d'argent et
de mœurs. On me dit que certaines personnes habitant à l'est de la 5ᵉ Avenue,
se vantent de n'avoir jamais dîné dans l'ouest
de New-York, de n'y avoir aucune relation.

Mais surtout on sent le poids de l'argent
dans la vie politique. J'ai entendu dire que
les mœurs électorales, développées dans
une population d'immigrés à qui la loi donne
les droits des citoyens avant que la vie leur
en ait donné l'esprit, sont détestables, et
l'on me cite tel homme de valeur, fait pour
la vie politique, mais d'âme fière, qui a
refusé toujours toute candidature, parce
qu'il lui répugne d'acheter des suffrages.
Il faut même acheter parfois les comités
pour obtenir d'être présenté aux électeurs,
si j'en crois le scandale qui éclata sur l'élec-

tion de certain juge et se dénoua devant les tribunaux.

L'argent apparaît en certaines occasions, comme destructeur de l'égalité civile et politique. Une Commission de la Cour suprême faisait une enquête sur le trust de l'acier : certains témoins vinrent faire des dépositions fâcheuses pour un milliardaire. Les avocats, avoués, agents des personnes lésées, divers membres de la Commission demandèrent qu'on citât le personnage à comparaître dans une forme qui entraînait, en cas de désobéissance, une sanction pénale. Pendant plusieurs jours on insista : jamais le président ne voulut envoyer au milliardaire autre chose qu'une bénigne convocation, ajoutant seulement que, s'il ne venait pas, on pourrait faire état des dépositions de ses adversaires. Il ne vint pas, et se borna à faire publier dans les journaux un beau certificat d'honnêteté qu'il s'était fait jadis signer par les gens qui se plaignaient maintenant. La note comique était fournie dans cette affaire par le fait que, pour toutes les opérations délicates, l'agent du milliardaire, son entremetteur, son Père Joseph, était un Révérend, un ministre baptiste.

L'Église catholique américaine est entièrement libre, comme toutes les autres confessions. Elle s'accommode de cette liberté. Elle ne forme pas un parti politique. Aucune des difficultés que connaissent les pays d'Europe ne s'est produite là-bas. Est-ce un état définitif ? Je le souhaite.

Voici deux petits faits singuliers.

Au début d'octobre, les journaux s'occupèrent d'une allocution ou d'une lettre où l'archevêque de New-York se plaignait que les catholiques ne fussent pas représentés proportionnellement à leur nombre dans les fonctions publiques ; et il engageait les catholiques à s'organiser en parti et à voter désormais pour des catholiques.

La ville de New-York subventionne toutes les œuvres d'assistance, qu'elles soient neutres ou confessionnelles. Mais elle exige un contrôle de l'emploi des fonds. Cette année, un certain nombre d'établissements appartenant à des Congrégations religieuses, ont refusé de laisser vérifier leur comptabilité par les représentants du pouvoir civil ; ils ne veulent rendre de compte à personne.

Sont-ce là des accidents qui seront sans lendemain ? sont-ce des indices d'une évolution qui serait grosse de troubles ? Je l'ignore.

Un des points les plus curieux à observer chez un Américain, c'est son attitude à l'égard de l'autorité, sa manière de l'exercer et de la subir. Cela peut se résumer en deux mots : vigueur dans l'usage du pouvoir, docilité dans la soumission au pouvoir.

On se dit qu'on est dans un pays de liberté : et mille circonstances le confirment. La rue appartient aux citoyens. Ils y font leurs cortèges, leurs manifestations. Ils y déploient leurs bannières. Nul n'y met obstacle. La rue appartient aussi aux enfants : sur les trottoirs, sur les chaussées, à travers les piétons, à travers les voitures et les autos, ils jouent ; surtout ils font du patin à roulettes, souvent sur un seul pied, l'autre demeurant prêt à fréner, à bloquer, si besoin est. Nul ne gêne ces enfants. L'énorme New-York n'a que son parc central et le *Riverside :* les rues tiennent lieu de jardins publics. Il faut que les enfants jouent. On leur est indulgent, et l'on ne croit pas qu'il y ait un intérêt social à faire des enfants un embarras pour les parents.

On pousse les maisons dans le ciel aussi haut qu'on veut. Personne ne réglemente le relief des saillies des façades. On dépose les caisses et les cartons vides au bord du trottoir, et on y met le feu. En cette ville d'incendies journaliers, la police laisse faire : le policeman regarde, et parfois remue les braises. J'ai vu à midi, en plein Broadway, près du bâtiment du *Times*, un magnifique bûcher de 3 à 4 mètres de large sur 1 m. 5o de haut. Le vent emportait les flammes et les étincelles. C'était superbe et peut-être excessif.

On m'a dit que le public n'obéissait p[as]
aux règlements qui le gênaient, que l'Amé[ri]
cain en général n'avait pas le respect de [la]
loi. C'est possible : il a certainement [le]
respect de l'autorité, quand elle se réal[ise]
en un homme.

J'ai constaté en mainte occasion la do[ci]
lité, la résignation, la patience de la fou[le]
et des individus ; et, inversement, l'éner[gie]
avec laquelle chacun exerce tout le pouv[oir]
de sa fonction. En tramway, en chemin [de]
fer, en *subway*, c'est frappant. Le client [qui]
entre dans un restaurant, ne choisit pas [sa]
place : il attend que le maître d'hôtel [lui]
assigne une table. Si vous n'attendez p[as]
son invitation pour vous asseoir, il es[t à]
parier qu'il vous déplacera.

Les règlements les plus minutieuseme[nt]
vexatoires sont élaborés : du moment qu'[ils]
sont édictés, on s'y soumet. La douane [est]
aussi redoutée des Américains, et surto[ut]
des Américaines, que la police l'est d[es]
Russes. Nous sommes étonnés, un p[eu]
agacés, nous autres étrangers, de no[us]

heurter à des consignes, d'avoir à subir des formalités. Notre idée d'un pays de liberté en est toute brouillée. Pour débarquer, il nous a fallu répondre, sur notre parole d'honneur, à vingt-neuf questions. J'ai juré n'être ni repris de justice, ni anarchiste, ni bigame, ni fou, n'avoir jamais vécu de mendicité, avoir cinquante francs en poche, et le reste à l'avenant.

C'est que l'Américain considère uniquement l'intérêt social. On ne vexe pas gratuitement les individus, ni pour des principes : promenez dans les rues le drapeau que voudrez. Mais dès que l'utilité publique est en jeu, tout est permis. Celui qui détient l'autorité en use, abondamment, fortement : le public obéit. On sacrifie toutes les préférences dogmatiques à l'individu, mais on sacrifie l'individu à toutes les commodités publiques.

La douane est vexatoire : elle protège l'industrie nationale. Les règlements de l'émigration sont stupides, appliqués aux passagers de 1re classe : ils défendent le pays contre l'importation des déchets malsains de l'Europe, et il faut qu'ils soient généraux pour être efficaces.

Je remarque chez bien des gens de conditions très diverses la force de cette idée, qu'il faut avant tout que l'affaire marche, et qu'ils sont là pour la faire marcher. Que ce soient les affaires de l'État, de la science, d'une entreprise privée, ils n'hésitent pas à user de tout le pouvoir qui leur est confié, à prendre toutes les responsabilités.

Et d'autre part, dans l'organisation de l'affaire, on ne se défie pas des hommes : on ne leur lie pas les mains. On remet beaucoup de choses à leur décision. On compte sur l'individu. La liberté de l'initiative, l'énergique maniement de l'autorité paraissent des conditions essentielles du bon rendement de l'énergie humaine.

Je rencontre çà et là beaucoup de petits pouvoirs absolus : absolus dans un domaine spécial et restreint, et provisoirement absolus, tant qu'ils se comportent bien. Tel homme de science organise son laboratoire comme il veut : il sait de quelle somme il dispose ; il choisit, il congédie comme il veut ses collaborateurs, assistants et garçons : on ne lui demande compte de rien, que des résultats. S'il fournit en production scientifique ce qu'on attend, il sera roi indéfiniment dans son laboratoire. S'il ne fournit pas assez, on le renverra comme il renvoyait l'aide dont il n'était pas satisfait.

On respecte certainement beaucoup moins que chez nous les positions acquises, les « droits acquis », comme nous disons. On se prive plus aisément, à tous les degrés de l'échelle sociale, des services de l'individu qu'on estime ne pas bien servir.

Je crois me rendre compte que l'Américain n'a pas la défiance de l'autorité qui chez nous vicie l'activité sociale. C'est que l'autorité chez eux n'a pas été pervertie, déconsidérée, rendue suspecte par des abus réitérés et des excès séculaires. Elle n'a jamais été mise au service de l'orgueil dynastique, de l'égoïsme d'une classe, du despotisme ou de l'ambition d'un homme.

Toute notre histoire est faite de la résistance à l'autorité arbitraire ou despotique ; toute notre vie sociale est encore empoisonnée d'esprit de tyrannie et d'esprit de révolte. Là-bas, on n'a encore éprouvé que les petites oppressions obscures de pouvoirs locaux ou secondaires, les méfaits encore partiels de coteries municipales : aucun esprit général de défiance et d'indocilité n'a été éveillé, et l'on se sent beaucoup plus menacé par certaines dominations financières, industrielles ou syndicales.

Les journaux américains sont un étonnement pour un Français. L'Europe et le monde y tiennent si peu de place ! De temps à autre un fait sensationnel, qui, ne se reliant à rien, demeure inintelligible aux lecteurs. Même les informations de politique intérieure n'abondent pas, ou s'émiettent en tout petits morceaux fort malaisés à rassembler pour composer une vue d'ensemble. Les articles de doctrine, de tactique, et même de controverse sont rares. Dans tel grand journal de New-York, les exposés d'idées sont très courts, dix à vingt lignes, jamais plus; et ils ne couvrent pas une page à eux tous.

Ce qui remplit le journal, c'est d'abord les faits divers, meurtres, pillages, accidents. De ces nouvelles-là, il n'y a jamais trop, paraît-il. Ce sont ensuite les informations relatives à la vie extérieure, aux allées et venues, aux procès des notabilités de tout ordre et de tous pays, milliardaires d'Amérique, gentilshommes d'Europe, personnages politiques, acteurs et actrices, chanteurs et chanteuses, danseurs et danseuses. Ce sont encore les interviews, qu'on leur prend pour avoir leur opinion sur tous les sujets d'actualité ; on enregistre sans distinction les propos les plus insignifiants et les sottises les mieux calibrées ; pourvu que la chose soit étiquetée d'un nom connu, la qualité n'importe pas. Très abondantes enfin, dans tous les journaux, les nouvelles de sport.

Le désordre de la composition est rare.

Pêle-mêle, faits divers, interviews, nouvelles politiques se succèdent. La colonne se coupe en deux, trois étages ; et tel sujet occupe une demi-colonne, puis vingt lignes du milieu ou du bas de la colonne voisine, et les cinq ou six lignes qui restent se glissent où elles peuvent dans une autre colonne. Il n'est pas rare que l'information commencée dans la colonne 1 de la page 1 se poursuive page 11, et que du bas de la colonne 2, il faille pour avoir la suite de la nouvelle et de la phrase, se porter page 6. On enfile l'une après l'autre toutes les dépêches et les informations qui arrivent : il n'est pas rare que les mêmes nouvelles se répètent dans les mêmes termes, deux et trois fois de suite. Pour les débuts de la guerre italo-turque, régulièrement, après les dépêches en langue anglaise, on lisait des dépêches absolument identiques en langue italienne : c'étaient deux versions du même original, fournies par deux agences différentes.

Tout cela donne l'idée d'un public intellectuellement médiocre, passionné pour les sports, friand surtout d'émotions vulgaires, qui demande aux nouvelles quotidiennes l'excitation de sensibilité que notre ouvrière demande à son feuilleton, et à qui il faut couler les informations sérieuses à petites doses parmi les exploits des *burglars*, les personnes écrasées et les matches de *base-ball*. Mais les journaux trahissent en même temps la médiocre culture des journalistes, dans la confusion de leur rédaction et de leur arrangement, dans l'indigence aussi des réflexions sur les faits de tout ordre.

Cependant les sports, le commerce, la propriété ont en général leurs pages attitrées : ce sont les spécialités qui intéressent de grandes catégories de lecteurs.

Les numéros du dimanche sont énormes : le *New-York Times* donne une centaine de grandes pages. Il y a là de la lecture pour une semaine, à qui voudrait lire le numéro d'un bout à l'autre. Au premier abord, cela jure avec l'idée qu'on a prise du niveau intellectuel du public. Mais ce public, s'il est médiocre, n'est ni illettré ni frivole : il aime à lire, dès qu'il est de loisir. Je voudrais savoir si le journal avec ses suppléments ne chasse pas le livre ou n'en limite pas l'expansion.

Et puis le numéro du dimanche est un numéro de famille. Le père y trouve, outre son journal quotidien, des suppléments sur les actualités politiques, historiques, économiques, sociales ; la mère, un pullulement d'annonces, pour toutes les choses dont elle peut avoir besoin ; les jeunes filles, des suppléments littéraires et artistiques ; les fils, des suppléments sportifs ; et les tout petits, des suppléments illustrés, des histoires comiques et morales. Le journal du dimanche est une collection de magazines.

Nos journaux français, quand on les compare à ceux des États-Unis, sont lumineux, intelligents, aisés et agréables à lire. La matière est distribuée, classée, filtrée, de façon que rien n'arrête le lecteur. Il y a plus de personnalités tout à la fois et plus d'idées. Beaucoup sont violents, injurieux, brutaux, ou gravement fielleux. Les idées trop souvent ne sont que le masque des intérêts et des passions, et l'esprit ou le talent ne s'emploient qu'à maquiller la figure des faits, à embrouiller le sens des événements les plus clairs. Il est presque impossible chez nous à un homme de penser contre son journal, s'il n'en lit qu'un.

La presse américaine, moins littéraire et moins artiste, laisse davantage au lecteur sa liberté de jugement. Mais je comprends maintenant qu'un homme de grand sens, un président, je crois, du *Board of Education* de Washington ait pu définir ainsi l'objet de l'école primaire : « mettre le peuple en état de lire le journal », de le lire comme il faut, avec intelligence et avec profit.

IV

L'ENSEIGNEMENT.
ORDRE SECONDAIRE.

IV

L'ENSEIGNEMENT. — ORDRE SECONDAIRE

Je n'ai pas vu l'enseignement primaire.

L'enseignement secondaire (sauf une visite dans un très bel établissement dont je parlerai tout à l'heure), ne s'est révélé à moi que par ses produits, les étudiants et étudiantes que j'ai rencontrés.

La comparaison est difficile entre ce pays et le nôtre : l'instruction que nous appelons secondaire et qui chez nous se donne dans les lycées et collèges, est répartie là-bas entre les *high schools* et les *colleges*. Les Collèges très souvent font partie des Universités, donc de ce que nous appelons enseignement supérieur. Au lieu que chez nous, les hautes classes des lycées, mathématiques spéciales, rhétorique supérieure, philosophie, ne sont déjà plus à

proprement parler de l'ordre secondaire,
et appartiennent plutôt aux études d'université.

Si l'on songe que nos grands élèves
de la division de préparation aux écoles, et
même nos philosophes, reçoivent déjà un
enseignement supérieur, et qu'au contraire
les étudiants des collèges américains (au
moins ceux des deux premières années,
freshmen et *sophomores*) ne font encore
véritablement que des études secondaires,
une remarque s'impose. Nos élèves sont
plus jeunes. L'étudiant américain sort des
high schools à dix-sept, dix-huit ans ; il sort
des collèges à vingt et un, vingt-deux ans :
alors il est gradué, et passe soit à la Faculté
de philosophie (lettres et sciences), ou aux
grandes Écoles professionnelles, droit,
théologie, mines, médecine, etc. Il est plus
mûr, plus fait. Il s'est mûri et fait dans les
études secondaires. Il sait plus exactement
la ligne de vie qu'il veut suivre, et ce qu'il
vient chercher à l'Université. Il y vient par
un choix volontaire, disposé à s'intéresser

à ce qu'il fera, parce qu'il sont l'intérêt de le faire.

Mais que sont ces études secondaires ? Très conjecturalement, et comme une impression qui s'impose à moi plutôt que comme un fait vérifié, je dirais que ce que nous appelons enseignement secondaire n'existe pas aux États-Unis.

Au travers de toutes nos guerres civiles pédagogiques, une idée demeure, qui nous est commune à tous. L'enseignement secondaire consiste essentiellement dans une forme, un esprit ; il doit être une culture, aboutir à une formation de l'intelligence et des sentiments.

Certainement le *high school* et le *college* commencent une culture des sentiments moraux et civiques. Au Collège de la ville de New-York, la méthode positive se met au service de l'idéalisme : chaque année, au moment où le budget de la ville de New-York est voté, une exposition est organisée ; tous les articles de recettes et de dépenses sont présentés, par échantillons, modèles

7

réduits, images, graphiques, tableaux et statistiques : les enfants voient, « réalisent » d'où vient, où va l'argent de la communauté. Une représentation précise se forme en eux de la complexité de la vie sociale, de la solidarité des parties ; et avec la connaissance s'excite l'intérêt.

Mais peut-être est-ce plutôt dans les *à-côté* des études que dans les études elles-mêmes que cette recherche d'une culture apparaît. A en juger par les formes d'esprit que m'ont présentées les étudiants et les anciens étudiants des diverses Universités, chaque branche d'études a dû être cultivée pour elle-même, pour savoir, pour satisfaire à la prescription d'un programme, ou à une idée quelconque d'utilité future. Toutes ces connaissances se déposent, se rangent à côté les unes des autres dans l'esprit, s'additionnent pour composer un homme de savoir varié. Je doute qu'on ait fait servir leur acquisition à cette gymnastique des esprits que nous pratiquons chez nous, et que nous faisons passer avant tout, jusqu'à y sacrifier quelquefois, aveuglément, le savoir.

Presque partout on étudie le latin. La plupart même des jeunes filles en ont fait par obligation, quelques-unes par choix ; l'option, comme on sait, est largement pratiquée dans l'enseignement américain. Cependant, beaucoup de professeurs d'Université témoignent que si on l'apprend beaucoup, on le sait très peu : j'en ai entendu se plaindre fort vivement de l'incapacité des étudiants qui leur arrivent des *colleges*. Du moins n'ai-je pas aperçu que cette étude procurât là-bas un avantage de culture. Des étudiants et des étudiantes, qui ont fait quatre, cinq, six années de latin, ont l'esprit moins « littéraire », plus « primaire » comme on dit chez nous, que les jeunes filles de cinquième et sixième années de nos lycées, et à plus forte raison que nos Sévriennes.

Peut-être l'étude du latin demeure-t-elle trop exclusivement grammaticale jusqu'au moment où elle devient exclusivement philologique.

Peut-être — et ceci vaudrait pour tout l'enseignement — faudrait-il assurer une bonne formation des professeurs pour obtenir une bonne formation des élèves. Dans ce vaste pays où la centralisation est faible encore, où l'unification n'est pas faite, où les institutions générales manquent, aucun esprit commun ne réunit les professeurs par-dessus la séparation des enseignements et la spécialité des méthodes. Le personnel n'a pas reçu d'éducation commune ; le même établissement rassemble des hommes de toute formation, de toute culture, de diverse origine ethnique souvent, qui se sont faits à travers les expériences les plus particulières et les plus hétérogènes. Ils ne sont guère préparés à une réelle coopération, et ils n'y songent sans doute guère. Chacun, peut-être, fait sa tâche dans son coin, sans jeter un regard indiscret sur le travail de ses collègues. L'ordre est remarquable, mais extérieur et mécanique : le concours des volontés n'est pas établi. Nul ne traverse son voisin ; nul ne l'aide.

Je dirai un mot de l'enseignement du français. A en juger par les résultats, il est vraiment bon. Mes étudiants de Columbia suivent mes leçons comme des étudiants français : quelques-uns manquent de pratique pour parler, tous comprennent bien. J'ai rencontré partout où j'ai été, collèges ou universités, des clubs français, où des étudiants causaient en notre langue.

Grâce à M. le président Finley et à M. Downer, chef du département des langues romanes, j'ai visité le Collège de la Ville de New-York. Ce magnifique établissement, qui s'élève sur la terrasse de Saint-Nicolas et d'où l'on voit s'étaler l'immensité de New-York comme de la basilique de Montmartre on embrasse le panorama de Paris, est installé intérieurement avec une simplicité que son architecture extérieure fait goûter, mais avec une intelligence admirable des besoins de l'enseignement, avec un souci minutieux de mettre à la disposition des maîtres tout le matériel utile, dans toutes les branches des études. Les cabinets de physique et d'histoire naturelle feraient envie à plus d'une de nos universités.

M. Downer a eu l'amabilité de me conduire dans toutes les classes de français, depuis les débutants qui avaient deux mois de français, jusqu'à la dernière année. Partout j'ai constaté l'application et le sérieux des élèves, leur goût visible pour leurs exercices de lecture et de conversation. Les résultats ne sont pas douteux : on sait *du* français quand on sort du collège. M. Downer, qui, lui, sait *le* français, ne réclame pas qu'on dise plus : il a l'horreur du *bluff*. Ses élèves donc savent *du* français : ils liront nos livres.

J'ai noté, là et ailleurs, une certaine hostilité, une défiance marquée tout au moins, à l'égard de la méthode directe et des idées de M. Hovelacque. On discutait vivement son admirable conférence. Et, chose curieuse pour un Français, ce qu'on critiquait dans les nouvelles méthodes françaises, ce n'était pas l'utilitarisme ; c'était l'ambition, le rêve, l'oubli des buts positifs, pratiques, et accessibles. « Il nous suffit, disait-on, de faire des élèves qui, au bout de quelques années, soient en état de connaître *un peu* de français, de lire assez aisément un journal, un roman, un ouvrage d'histoire ou de science. Prétendre les faire pénétrer dans la vie d'un peuple étranger, chercher dans l'attrait et l'intelligence d'une civilisation étrangère la source de l'intérêt pour l'étude d'une langue, se proposer pour fin de l'enseignement de faire voir en Shakespeare ou en Gœthe le résumé ou le symbole de l'âme anglaise ou de l'âme allemande : chimère éblouissante, mais chimère. Apprendre aux jeunes gens des mots, des phrases, le plus grand nombre possible de mots et de phrases, et les conduire à en connaître à peu près le juste emploi : si on a fait cela, on a obtenu tout le résultat qu'on peut sensément escompter. »

J'ai essayé de distinguer les raisons de cette attitude. Voici celles que j'ai trouvées.

Le personnel enseignant est partie français, partie américain. Le personnel américain, qui sait le français remarquablement, se défie de lui-même, et répugne à l'emploi exclusif du français dans les classes. Le personnel français, très zélé et très cultivé dans l'ensemble, se défie des élèves, et n'ose les entraîner au-dessus de l'explication littérale jusqu'à l'étude esthétique ou psychologique des œuvres.

Les élèves de condition moyenne sont pour la plupart destinés à n'aller jamais en France, à n'entendre peut-être pas un mot de Français tous les dix ans : il y a, il vient si peu de nos compatriotes en Amérique. Dès lors pourquoi se donner l'embarras de la méthode directe ?

Notre point de vue, à la fois scientifique et artistique, qu'une langue a sa physionomie attachée aux sons et à l'accent, et que ce n'est jamais que par l'oreille qu'on sait une langue comme il faut la savoir, est trop élevé pour l'idée qu'on se fait de l'instruction suffisante et possible.

Et je retrouve ici l'effet de cette absence

de l'esprit secondaire dont je parlais plus haut. Rien ne me semble relier l'enseignement du français à l'œuvre générale de l'éducation. Le professeur de français fait une très bonne classe : mais il fait connaître la langue de la France sans faire voir la France. Quelques vues de Paris ou de nos provinces, quelques portraits d'hommes célèbres, des cartes postales illustrées servent à égayer les murs et les yeux : on n'en tire pas un grand parti dans l'enseignement.

Il ne me semble pas non plus qu'on fasse servir notre littérature à la culture de l'esprit des jeunes gens, à la formation des idées, des sentiments et du goût, autant qu'on pourrait. Les textes d'étude, visiblement, ne sont pas choisis pour cela. Très sensément, le premier livre, le livre fondamental, est un ouvrage surtout pratique et très bien fait où l'on a rassemblé à la fois les principales difficultés de la langue et les phrases les plus usuelles dans les circonstances les plus communes de la vie. Mais lorsqu'on aborde la lecture des ouvrages littéraires, peut-être le choix n'en est-il pas assez rigoureusement subordonné à certaines convenances pédagogiques. Qu'est-ce que *Monte-Christo* peut avoir d'éducatif? Nous avons tant de chefs-d'œuvre plus substantiels, d'une forme plus pure et plus fine, et tout aussi amusants, qui, même sans aucun commentaire littéraire, laisseraient dans les esprits un dépôt plus fertilisant que l'évasion de Dantès.

Parfois les textes sont inexplicables. Le *Crucifix* de Lamartine contient une strophe où tous les commentateurs ont, jusqu'ici, échoué. Mais, de plus, en ce pays où le puritanisme garde encore quelque force, et, après tout, en tout pays, quel besoin de retenir longuement des adolescents sur une pièce de vers où s'exprime d'une façon ardente l'amour d'un poète pour une femme mariée à un autre homme? L'embarras du professeur m'amusait. L'élève disait toujours naïvement : « Le crucifix de *sa* femme, la mort de *sa* femme, son amour pour *sa* femme » ; et le maître, patiemment, douce-

ment, timidement, sans un mot d'explication, rectifiait : « Le crucifix de *la* femme,
la mort de *la* femme, son amour pour *la*
femme. » Quand on s'estime obligé à ces
ménagements, ne vaut-il pas mieux expliquer autre chose ?

C'est toujours une chose très délicate que
le choix des textes français d'explication :
et l on ne serait pas embarrassé pour signaler chez nous de pareilles erreurs.

Je le répète, l'organisation du français
au collège de la ville de New-York est
excellente ; l'enseignement est actif et effi-
cace. La méthode est judicieuse, pratique,
honnête : rien pour la façade et la parade,
tout pour le rendement effectif. Et les résultats donnent raison à cette manière de faire
si intelligente, si probe et si simple.

Il est possible pourtant que les maîtres
soient trop modestes, se défient trop d'eux-
mêmes et des élèves. On pourrait, sans
compromettre le gain positif de l'acquisition
du langage, obtenir à l'aide du français un
peu plus de culture.

Sur l'aimable invitation de M. Downer, j'ai posé des questions dans une classe. Le professeur avait fait résumer une tragédie de Corneille : des garçons de seize à dix-sept ans avaient dit, avec assez de facilité et avec une parfaite exactitude, en quoi consistait l'intrigue, et quels étaient les personnages de la tragédie d'*Horace*. Je demandai quelle différence il y avait entre le patriotisme d'Horace et celui de Curiace, et lequel des deux on préférait. L'élève interrogé, le premier de la classe — un petit Cubain à la physionomie intelligente, aux yeux vifs — me répondit effaré : « Mais, Monsieur, jamais on ne nous pose de pareilles questions. — C'est vrai, confirma le professeur, jamais je ne leur pose de pareilles questions. — Hé bien, répondez-y tout de même. » Et il répondit. Sur sa réponse, je dressai une autre question du même ordre : « Mais, Monsieur, on ne nous pose jamais de pareilles questions. — Allez tout de même. » Et il allait. Cela dura un petit quart d'heure. A chaque question, le jeune homme m'opposait d'abord son étonnement ; sur mon insistance, il réfléchissait une minute, et répondait bien. En moins d'un quart d'heure, il avait trouvé toutes les idées d'un petit commentaire psychologique et moral, et il avait trouvé la forme française de ces idées.

L'expérience m'a semblé concluante. Sans doute c'était un bon élève : mais c'est en entraînant la tête de classe qu'on fait marcher la queue.

Ce pays qui chez nous passe pour le pays du *bluff*, est parfois en matière d'éducation, trop modeste.

V

L'ENSEIGNEMENT SUPÉRIEUR ET LES UNIVERSITÉS

V

L'ENSEIGNEMENT SUPÉRIEUR
ET LES UNIVERSITÉS

J'ai vu six Universités, une où j'ai séjourné, Columbia, cinq en rapides visites. Cinq sont des Universités de l'Est, et des fondations privées : Columbia à New-York ; Harvard à Cambridge (Mass.) ; Yale à New-Haven (Conn.) ; Cornell à Ithaca (N.-Y.) ; Johns Hopkins à Baltimore (Md.). Une est dans le Middle-West, et c'est une Université d'État : Ann Arbor, dans le Michigan [1].

Ces Universités sont d'admirables choses. J'en ai rapporté au total une impression de grandeur, de sérieux, d'activité intense, de

[1]. Ne pouvant nommer individuellement les collègues américains dont j'ai reçu le plus aimable accueil, — il faudrait nommer tous ceux que j'ai vus — je leur envoie ici un remerciement général.

fécondité scientifique, intellectuelle et morale.

Elles sont inégalement riches. Columbia, Harvard trouvent toujours à point les donateurs nécessaires. En dix ans, il est entré 100 millions de libéralités dans la caisse de Columbia.

Johns Hopkins a moins de chance. Les donateurs ne se dérobent pas, mais ils mesurent leurs largesses. On me dit qu'il faut attendre encore quelques années, jusqu'à ce que le nom de l'Université n'évoque plus la figure d'un homme qu'on a bien connu dans sa ville, et que le temps l'ait tout à fait détachée de toute relation à un individu particulier.

Ann Arbor est très largement dotée par l'État de Michigan. Jusqu'ici elle n'a pas fait appel à la libéralité des particuliers : il fallait que l'État connût ses responsabilités et apprît à supporter ses charges. Il était imprudent de le laisser compter sur autrui pour satisfaire à ses engagements. Maintenant, au bout de quatre-vingts ans et plus, les donations officielles sont assurées : on peut, pour s'agrandir, se compléter, faire appel à la générosité privée. On ne tardera pas, paraît-il, à le faire.

Plus ou moins riches, toutes ces Universités sont riches par rapport aux nôtres. Et puis, elles ont l'espace. La place ne leur est pas mesurée.

Chacune a son *Campus*, clos de murs, où s'élèvent de nombreux bâtiments, écoles, chapelles, laboratoires, bibliothèques, maisons d'étudiants, clubs, etc. Chaque génération bâtit, selon les besoins nouveaux qui se font sentir. Harvard a débordé hors de son enceinte, et à la vingtaine de bâtiments qu'elle contient s'en est ajouté une trentaine d'autres de l'autre côté de Cambridge-street et de Kirkland-street, sans compter l'observatoire et le jardin botanique qui sont éloignés du centre de la ville. La construction de tous ces bâtiments s'échelonne sur deux siècles, depuis le vieux Massachusetts Hall, qui date de 1720, jusqu'à la nouvelle maison du

Président dont je n'ai vu que les fondations.

Entre les bâtiments s'étendent des pelouses, plantées à New Haven et à Harvard de beaux ormes que, malheureusement, la maladie détruit depuis deux ans.

Il arrive un moment où le *Campus* est plein, où les bâtiments se touchent, où le prix croissant des terrains empêche de s'étendre dans le voisinage. Alors, énergiquement, l'Université s'en va. On ne jette pas des annexes çà et là ; on ne rompt pas l'unité visible de l'Université. On achète une place au bout de la ville ; et quand on a la place, on trouve l'argent pour bâtir. Columbia, du bas de la ville, est montée en 1857 à la 45ᵉ rue, en 1897, à la 116ᵉ. Johns Hopkins, qui est au cœur de Baltimore, va s'en aller presque hors la ville, dans un vaste terrain boisé.

Nulle tradition, nul souvenir ne les retient. Ce n'est pas que la piété leur manque. Ils honorent le passé. Mais ils servent l'avenir. L'action chez eux ne se laisse pas entraver. La mort n'empêche pas la vie.

L'Université américaine est d'abord un Collège, et parfois elle n'est que cela. Les grandes Universités ont commencé ainsi : Harvard College a été fondé en 1636; Columbia est sortie de King's College qui fut établi par charte royale en 1754.

Les Collèges instruisent le peuple des *undergraduates*. Le grade de bachelier qui termine leurs études, en fait vraiment des étudiants d'Université. Du Collège alors, les uns vont à la Faculté de philosophie (lettres et sciences), les autres à la théologie (en nombre décroissant, les diverses confessions aimant à former leurs pasteurs dans des établissements strictement confessionnels), au droit, à la médecine, aux nombreuses écoles professionnelles, ingénieurs, électricité, mines, agriculture[1], architecture, beaux-arts, pharmacie, art dentaire :

1. J'ai rencontré un jeune Français qui faisait des études supérieures d'agriculture à Cornell, et s'en louait.

que sais-je encore ? Il y a de tout dans une Université américaine. Pour avoir l'idée de Columbia et de Harvard, il faudrait annexer à la Sorbonne le Museum et le Collège de France, l'Institut d'agronomie, l'école du Louvre, l'école des Beaux-arts, l'école Centrale, les grandes écoles scientifiques et professionnelles de la ville de Paris.

Columbia a une école normale (Teachers' College) et une School of Household Arts (école de ménage et de cuisine) où mille étudiantes, dit un journal, sont inscrites.

Rien de plus divers et inégal que la collection des enseignements et des écoles qui composent une Université.

Certaines universités n'ont pas de Collèges de jeunes filles : leurs étudiantes viennent des collèges indépendants qui sont nombreux. Harvard entretient des relations avec Ratcliffe College et lui fournit son personnel enseignant, les professeurs même de l'Université. Barnard College fait partie de Columbia : indépendant financièrement, il y est rattaché pédagogiquement, et ses professeurs comptent dans le cadre des professeurs de Columbia.

Il y a une question, il y a même plusieurs questions de femmes dans les Universités américaines.

J'ai constaté, dans l'organisation du service, qu'il était impossible de réunir dans un même cours les jeunes filles de Barnard College et celles de Teachers' College. Barnard College se recrute dans une classe sociale qui s'estime supérieure et ne souffre pas le mélange.

Une fois graduées, les jeunes filles de Barnard et de Ratcliffe, celles des collèges indépendants viennent à l'Université où la coéducation existe. Elles sont mêlées aux hommes dans tous les cours. Elles sont nombreuses : la moitié presque de mes élèves dans mes deux conférences étaient des femmes.

On m'a dit que dans les cours où l'élément féminin était en excès, l'homme s'en allait. La jeune fille travaille régulièrement ; elle est docile. Elle repasse ses cours ; elle ap-

prend toutes les matières d'enseignement
et d'examen. Elle a de meilleures notes que
l'homme, moins laborieux, plus irrégulier,
plus distrait par les sports, et plus personnel. Nombre de professeurs m'ont dit :
« La moyenne des femmes est supérieure à
la moyenne des hommes. L'élite des hommes
est supérieure à l'élite des femmes. »

Quelques personnes hostiles à la coéducation des Universités, m'ont donné une
curieuse raison. Cette promiscuité est cause
qu'on se marie trop jeune, étourdiment, par
un emballement irréfléchi, sans se connaître
assez. Il en résulte de mauvais ménages,
et trop de divorces.

Les Universités sont administrées par des
trustees qui (au moins dans les fondations
privées) se recrutent par cooptation, et qui
choisissent le Président, généralement un
Professeur, mais pas nécessairement un
Professeur actuellement en exercice dans
l'Université.

Le Président d'une grande Université, telle

que Columbia ou Harvard, est un personnage considérable. Considérable d'abord, parce qu'on choisit bien, avec un souci élevé de la fonction à remplir, et que c'est souvent un homme de premier ordre : j'ai eu le bonheur d'en connaître deux, très différents, chacun avec son originalité marquée, et tous les deux de la plus haute valeur intellectuelle et morale. Considérable ensuite par le nom de l'Université, sa place dans la vie nationale, et la puissance que lui donnent les milliers d'étudiants qu'elle a disséminés par le monde, et qui demeurent à travers les fortunes les plus diverses fidèles à l'*Alma mater*, dévoués pour la vie à sa prospérité.

Le président a des pouvoirs très étendus, une très large initiative. Les *trustees*, qui sont des personnes indépendantes et considérées dont l'appui est précieux à l'Université et dont les fonctions sont gratuites, partagent avec le Président le soin d'entretenir au dehors les bonnes volontés libérales par lesquelles l'Université pourra se développer : ils suivent, m'a-t-on dit, à l'ordinaire, le Président dans les questions qui intéressent l'organisation intérieure et les enseignements. En certains endroits, le Président est presque absolu.

Il y a des assemblées de Facultés, et dans chaque Faculté des assemblées de départements : par exemple, les langues romanes, ancien français, français moderne, italien, espagnol, roumain, font un département. Ces assemblées règlent les détails du service et discutent les questions purement pédagogiques. Mais seul le Conseil des *trustees*, avec son Président, administre la Faculté. Les professeurs n'ont rien à gérer. On peut instituer ou supprimer des enseignements sans les consulter[1]. Sans doute, on suit leur avis, on s'en informe, on y défère souvent. Mais il n'y a pas de consultation officielle, ni obligatoire. On peut se passer de leur sentiment. On s'en passe quelquefois.

1. Ce droit du Président et des *Trustees* reste, me dit-on, purement théorique dans les grandes Universités.

J'ai constaté en plusieurs lieux une assez vive émotion. Le brusque renvoi d'un professeur avait éveillé chez beaucoup l'idée que leur situation manquait des garanties nécessaires. En congédiant au bout de dix-huit mois un professeur nommé pour trois ans, les *trustees* avaient mis en évidence le fait que le contrat engageait le professeur, et non l'Université : il était obligé de rester trois ans, mais on n'était pas obligé de le garder trois ans [1]. Cette interprétation jeta beaucoup d'inquiétude dans le personnel enseignant. A mesure que l'on s'éloignait de la ville où la chose s'était passée, l'émotion augmentait : les professeurs regardaient moins l'espèce que le principe ; ils ignoraient le détail, les circonstances, ils ne s'inquiétaient pas qui avait tort ou raison, ils ne voyaient que le fait brutal qui leur découvrait le côté précaire de leur position [2].

1. La formule de l'engagement était : « M. X... est nommé pour trois ans *ou* à la volonté des trustees. » Les professeurs aimaient à croire que cela voulait dire qu'on restait au moins trois ans, *puis* à la volonté des *trustees*.

2. Le fait ne m'a paru concerner que les professeurs qui ne sont pas titulaires. — Une personne autorisée m'assure

D'ailleurs cet état de choses se rapporte à l'idée dont j'ai parlé, que les gens qui dirigent une affaire, sont responsables de sa prospérité et doivent par conséquent être maîtres de choisir leurs auxiliaires ou de les remercier. Cela peut prêter à des abus : cela, quand les administrateurs sont honnêtes, a des résultats excellents.

Il y a quelques années, un grand poste d'une grande école était vacant. Les concurrents ne manquaient pas. Un des membres du conseil d'administration mit en avant le nom d'un homme qui n'était pas candidat, qui ignorait même la vacance. Son nom rallia tous les suffrages. Un coup de téléphone : et en cinq minutes la candidature était posée, la nomination faite.

Le directeur d'un grand établissement scientifique, rencontrant par hasard à New-

à ce sujet, que, d'une part, jamais les *Trustees* ne refusent son congé à un professeur qui veut s'en aller, et que, d'autre part, en fait, dans les grandes Universités, un professeur n'est jamais congédié avant le terme de son engagement qu'en cas de conflit avec ses collègues : le Président et les *Trustees* n'agissent, me dit-on, que pour arbitrer un différend et pour rétablir la paix dans l'Université.

York un professeur d'une Université loin-
taine, lui proposa de le prendre : séance te-
nante, en un quart d'heure d'entretien, la
chose fut conclue, et l'un des plus beaux
laboratoires du Nouveau Monde fut à la disposition d'un homme qui le matin n'y songeait pas. Il avait suffi que le directeur sentît
en lui un homme supérieur. Comme il
l'était en effet, il occupe toujours le poste.

On peut se tromper : mais on se débar-
rasse d'une médiocrité aussi facilement
qu'on a pu s'en encombrer.

Comme les enseignements des Universités sont extrêmement variés et très inégaux, comme le recrutement des maîtres se
fait de toutes sortes de façons, le personnel
enseignant est très hétérogène et très
inégal. On y trouve tous les types de professeurs et tous les degrés de maîtrise, depuis
le savant supérieur et le littérateur de
talent, jusqu'à de modestes régents et de
frustes instituteurs. Dans les départements
où j'ai pénétré, les hommes distingués
n'étaient pas rares.

J'entends dire : « Les Universités tiennent une grande place dans la vie du pays.
Leurs Présidents jouissent d'une grande
considération. Mais la classe des professeurs n'est pas très considérée. Tel professeur, individuellement, a une haute situation sociale, par sa réputation, par sa
valeur, par ses relations, son origine, ou
sa fortune. Cette considération lui reste
personnelle, et ne rejaillit pas sur la classe.
Les professeurs ne sont pas assez payés,
par rapport à l'échelle générale des salaires,
à l'état général des fortunes et au prix
moyen de la vie, pour vivre d'une façon
qui les impose au respect de la foule, habi-
tuée à estimer les gens par leur dépense.
Les jeunes gens capables et ambitieux ne
sont pas attirés vers la carrière. Le droit,
l'état d'ingénieur, les affaires, offrent bien
d'autres perspectives. »

Nous voyons, nous, de France, les gros
traitements américains, nous ne voyons
qu'eux. Oui, il y a dans les grandes Universités, même dans les grands Collèges,

des chaires et des fonctions auxquelles 25 000, 30 000, 35 000, peut-être 40 000 francs de traitement sont attachés : combien y en a-t-il ? et qu'est-ce que cela représente là-bas ? Je crois que cela correspond à des traitements de 10 à 18 000 francs chez nous. Cela n'introduit pas un homme dans la classe riche.

Mais au-dessous des titulaires et des chefs, le nombre des petits emplois mal payés est considérable. On attend quelquefois très longtemps un poste de premier rang, on ne l'obtient pas toujours, et l'on végète.

Pour relever l'importance sociale des professeurs d'Université, il faudrait les payer davantage, même les titulaires. Ou bien il faudrait faire pénétrer dans le peuple — et je comprends les milliardaires dans le peuple — l'idée qu'un homme vaut par autre chose que son train de vie, et qu'il y a un autre critérium de considération que la richesse. Le premier moyen opérerait instantanément ; le second est plus lent, et plus noble. On pourrait les employer tous les deux parallèlement.

Une Université, ai-je dit, est une collection d'enseignements, de facultés et d'écoles. C'est cela, et plus que cela. On y sent une unité, une conscience collective. L'avocat, l'ingénieur ne disent pas : « Quand j'étais à l'école de Droit » ou « à l'école des Mines »; ils disent : « Quand j'étais à l'Université. » Toutes les écoles et facultés composent une personne morale.

Cette unité est solidement établie par la tradition. Du noyau des Collèges primitifs sont sortis les multiples rameaux des grandes Universités, sans que l'unité primitive fût rompue. Elle s'entretient d'abord par le culte des souvenirs. Si jeune qu'elle soit, une Université recueille sa tradition et son histoire, et toutes les marques sensibles de sa continuité, de son originalité. Les portraits de ses fondateurs, de ses présidents décorent la salle des actes. Harvard a élevé un important *Memorial-Hall* au souvenir de ses anciens étudiants qui tombèrent dans la guerre civile, pour le Sud comme pour le Nord. Dans le vaste vestibule se lisent sur des plaques de marbre les noms des morts nombreux. A côté sont la grande salle des réunions générales, et une salle à manger ornée de portraits où dinent chaque jour ensemble mille étudiants.

Diverses institutions empêchent les étudiants de s'isoler dans une spécialité ou une corporation et de regarder l'Université comme un nom, un terme vide du protocole.

La première est sans doute le Président. Il est le symbole vivant, l'agent perpétuel de l'Unité. Effaçant les doyens qu'il réduit à un état subalterne, voyant tout, décidant tout, c'est à lui que tous ont affaire, étudiants, professeurs, gens du dehors. C'est lui qui, dans les relations extérieures, représente chaque partie et l'ensemble de l'Université.

Les sociétés de toute nature, toute sorte de circonstances de vie universitaire, mêlent les étudiants de toutes catégories, et dressent, par-dessus toutes les séparations administratives et pédagogiques, l'image de l'*Alma mater*.

C'est ici que la religion et les sports ont un rôle éminent. A Yale, tous les matins, à neuf heures, un service obligatoire, *undenominational*, rassemble tous les étudiants ; quelques prières et psaumes, une courte allocution morale ; c'est l'affaire de dix à quinze minutes. De là chacun s'en va à ses cours.

On m'a dit que cette obligation était une mesure de discipline qui rendait le contrôle de la régularité facile ; mais que c'était aussi et surtout un moyen de rapprocher quotidiennement les étudiants des diverses écoles et facultés, de façon qu'ils se sentissent du même corps : l'unité se fortifie à ne pas rester une idée et à se réaliser quelques instants chaque matin.

Mais la décadence des formes confessionnelles du sentiment religieux est telle, même en Amérique, que même avec la large ouverture du service *undenominational*, l'obligation est difficile à maintenir. Elle a disparu de beaucoup d'Universités.

Plus vivaces sont les sports. Football, baseball, course, natation, canotage : tous les jeux sont florissants[1]. Le bâtiment de l'éducation physique est partout un des plus beaux. Celui de Yale est fameux, avec sa vaste piscine, et son hall où sont exposés les trophées, les drapeaux, et la *mascotte*, un effroyable bull-dog, qui après avoir accompagné durant sa vie les équipes de l'Université, les escorte encore maintenant, empaillé, la gueule ouverte et l'air mauvais.

En divers endroits, des *freshmen* chargés de rédiger le journal de l'Université m'ont demandé des *interviews* : partout, la première question a été : « Pratique-t-on les sports dans les Lycées et les Universités de France? Fait-on du football? »

---

1. L'escrime est peu pratiquée. Je n'ai pas entendu parler d'équitation : cependant beaucoup d'hommes faits savent monter. Je crois qu'il n'y a de vivace dans les Universités que les jeux collectifs, non les sports d'adresse individuelle.

Les succès de sport, paraît-il, ne sont pas sans influence sur le recrutement des étudiants, et il importe à la prospérité d'un Collège ou d'une Université de ne pas trop compter de défaites dans une saison.

J'ai lu le compte rendu de l'assemblée d'un Club de Grecs : on y faisait valoir, pour attirer de nouveaux membres, les succès sportifs de la Société.

J'ai assisté par une belle après-midi de novembre, au Soldiers'Field, sur les bords de la rivière Charles, à un match de football entre les étudiants d'Harvard et les Indiens de Carlisle College. Le spectacle était vraiment beau. Sans doute il y a risque d'accidents. Il y a quelques moments de mêlée et d'étreinte brutale, quand tout un groupe de corps humains entrelacés s'abat sur le sol. Mais ces corps à corps sont rapides et se démêlent vite, dès que tout le monde est à terre : avant, rien n'est plus beau que les postures des joueurs, en place, espacés dans la piste, debout ou accroupis, guettant le jet du ballon ; puis la détente des corps souples, les vives allures des coureurs, leur adresse à s'éviter ou à se couper le passage, les gestes agiles des bras allongés vers le ballon pour le saisir. Il y a là une grâce de lignes qui se composent, se décomposent et se recomposent incessamment, une beauté de jeunes corps en mouvement, à laquelle il me paraît que nulle idée des accidents à craindre ne peut rendre insensible.

Et puis il y a le public. Une vie intense émane des 15 ou 18 000 spectateurs entassés dans le *stadium* ; elle m'enveloppe et m'emporte dans son rythme. Ce sont les familles et les amis des étudiants, d'anciens étudiants, des milliers d'habitants de Boston qui, sans autre attache à l'Université, vivent ce jour-là de sa vie et s'animent de son âme. En ces occasions se manifestent et s'avivent la solidarité universitaire et l'attachement du pays à son Université.

Deux mille étudiants de toutes les écoles de Harvard sont groupés au centre du *sta-*

dium, d'un côté des gradins : au commandement de deux moniteurs qui s'enrouent à crier dans leurs porte-voix et se désarticulent les bras à battre la mesure, ces deux mille jeunes gens encouragent les champions de leur clameur ardente que termine le nom trois fois répété : « Harvard ! Harvard ! Harvard ! » ou bien ils chantent les chants universitaires.

De l'autre côté de la piste, en face, est Carlisle. Le collège est loin, au fond de la Pensylvanie : avec les champions sont venus seulement cinq ou six garçons et une dizaine de *girls*, Peaux-Rouges ou sang-mêlé. A la huée immense de Harvard, à son mugissement de tempête répond bravement le chant grêle de Carlisle : une douzaine et demie de voix aiguës qui semblent narguer le puissant adversaire. Le contraste est saisissant.

Les Peaux-Rouges eurent le dessus, quoique Harvard, sur la fin, eût remplacé son équipe de second ordre par une meilleure : il était trop tard pour rattraper la victoire. Cette défaite fut vraiment une douleur publique. On sentait chez les spectateurs, chez les hommes âgés, chez les femmes, une tristesse, un sentiment d'humiliation, qui se dissimulaient sous une apparence de froideur et de calme.

Mais on n'entendait que des mots d'estime et de respect pour les Indiens vainqueurs. On rendait justice à leurs qualités, à leur course, à leur chef. Pas un signe de malveillance jalouse, de rancune basse, pas une velléité de contestation mesquine. La partie était perdue : loyalement, ou reconnaissait les fautes faites. On songeait à mieux faire, aux moyens de vaincre dans les rencontres prochaines. Tous les esprits étaient tendus vers la lutte de la quinzaine suivante contre Yale.

J'ai entendu dans le monde universitaire de vives critiques du *football* et de l'enthousiasme du peuple américain.

« Ce sport détourne les étudiants du travail intellectuel.

« Ce sport est brutal : chaque année, il

amène des accidents graves, mortels
même. »

Le sentiment des professeurs et des
personnes cultivées fut assez fort pour
émouvoir quelques présidents d'Universités, et les décider à interdire le *football*.
Mais l'opinion des étudiants et de la masse
du public eut une révolte si énergique que
partout les arrêtés furent bientôt rapportés
et que le *football* reparut sur les terrains
universitaires : seul le Président de Columbia maintint son interdiction et y risqua sa
popularité[1]. La jeunesse le boudait encore
un peu quand j'étais là-bas.

Les défenseurs du football font valoir
que le dommage des études n'est pas aussi
grand qu'on le dit. Les champions qui
composent les équipes pour les grandes
luttes, évidemment ne s'occupent que de
leur entraînement : ils renoncent aux cours
et à l'effort intellectuel, comme au tabac,
aux liqueurs et aux femmes. Mais ils sont,

[1]. Il prit seul la responsabilité; mais sa décision tradui-
sait l'opinion des professeurs.

somme toute, en petit nombre. Ce sont des professionnels. Souvent on les a attirés à l'Université, sur leur réputation naissante, précisément pour cette fonction, pour maintenir l'honneur de la maison et lui gagner de nouveaux triomphes.

Le grand nombre des étudiants, me dit-on, pratique les sports plus ou moins, et en général sans excès. Si les études y perdent quelques heures par semaine ou même par jour, ce n'est une perte que pour qui borne sa vue aux années d'Université et aux notes d'examen : pour qui considère la vie, et l'Université comme une préparation à la vie, ils se donnent par les sports une endurance et un équilibre physiques, une santé morale, une capacité d'initiative et de discipline, qui les rendent égaux à toutes les tâches que l'avenir peut leur apporter. Ils sortent de l'Université, le corps dispos et l'esprit frais, sans dégoût pour le travail intellectuel dont ils n'ont pas abusé ; et ils ne tardent pas à rattraper le temps perdu, qui en réalité a été moins un gas-

pillage qu'un placement. Le caractère national avec ses précieuses qualités d'énergie
entreprenante et disciplinée, se fait en
grande partie dans les sports. Auprès de
ce bénéfice collectif que doivent peser quelques accidents particuliers, si douloureux
qu'ils soient?

Quelques-uns des hommes les plus cultivés que j'ai vus, de ces hommes d'action
idéalistes qui représentent à mes yeux le
type humain supérieur des États-Unis, sont
passionnés pour les sports, auxquels ils
doivent l'harmonie de leur développement
et d'inépuisables réserves de force et de
courage.

Mais venons à l'organisation et à l'outillage du travail intellectuel.

Les Facultés sont divisées en *départements*. J'ai appartenu au département des
langues romanes de l'Université Columbia : il comprenait treize maîtres, sans me
compter.

De ces maîtres, la plupart s'employaient

au service du français, deux s'occupaient de l'italien ; quelques-uns consacraient un peu de leur temps à l'espagnol, au portugais et au roumain. M. le professeur Cohn a donné une vive impulsion et une forte organisation à l'enseignement de notre langue et de notre littérature. Sans parler des cours faits dans les divers collèges pour les *undergraduates*, ni des études de philologie romane dirigées par M. le professeur Todd, quatorze leçons hebdomadaires étaient consacrées en 1911-1912 à cet enseignement. Il y avait un cours pratique de langue française, une conférence d'ancien français, une de provençal, deux conférences ou cours sur le XVIᵉ siècle, deux cours sur le XVIIᵉ, trois sur le XVIIIᵉ, deux sur le XIXᵉ, avec une conférence de séminaire sur *Sainte-Beuve et la critique*, un cours sur la méthode de l'enseignement du français dans les écoles secondaires. Mes trois leçons hebdomadaires complétaient l'affiche. Si l'on songe que c'est là un programme normal dont l'équivalent se retrouve chaque année, on ne doutera pas qu'un gradué, s'il reste quatre ans à l'Université, ne puisse, en suivant quatre cours seulement par semaine pour cette branche d'études, acquérir une très bonne connaissance de notre littérature : pourrions-nous souhaiter davantage à nos étudiants ? Il y a là un effort auquel il ne faut pas marchander l'estime, je dirai même l'admiration.

Certaines Universités ont des chefs de départements ; d'autres ont remplacé les chefs par des secrétaires.

Le chef de département, comme le Président, a une autorité assez étendue, et s'il est d'humeur autoritaire, il peut décider à lui seul la répartition du travail, la distribution des enseignements et des heures de service ; le département se réunira pour ratifier. On votera, toujours à l'unanimité, sur l'avis du président, sans libre discussion, sans que qui que ce soit ait élevé la voix pour émettre un avis personnel.

Ce régime n'est pas très en faveur parmi les jeunes professeurs. Une tendance démocratique et égalitaire se dessine depuis plusieurs années ; et en plusieurs endroits, un *chairman* ou secrétaire a été élu au lieu d'un chef. Il en est ainsi à Harvard. A Johns Hopkins, lors de la retraite ou de la mort du dernier titulaire de littérature française, son successeur désigné, qui devait être en même temps chef du département des langues romanes, prit l'initiative de demander la suppression de ce titre, et se contenta d'être nommé *chairman*. Il a regagné d'ailleurs en crédit moral ce qu'il avait abandonné d'autorité directe.

Quel que soit le nom du directeur du département, chef ou secrétaire, il a la charge d'assurer l'organisation du service, chaque professeur n'est pas maître d'établir son programme à sa fantaisie. Il y a des nécessités publiques auxquelles il faut pourvoir d'abord ; c'est le besoin des étudiants qui prime tout. Les études d'université doivent être conduites selon un certain ordre, vers un certain terme. Devant cette utilité générale, toutes les convenances, tou-

tes les libertés individuelles, celles des maîtres et celles des étudiants, doivent céder.

Il y a donc un certain nombre de cours
nécessaires que l'on se distribue, et chacun a huit, neuf, douze, ou treize, même
quinze heures d'enseignement par semaine.
Il reste fort peu de temps pour le travail
personnel, et c'est une des causes qui ont
restreint jusqu'à ce jour la production littéraire ou scientifique des Universités américaines. En ne regardant même que les
études, les professeurs, qui ont des services
de lycée, donnent aussi parfois un enseignement de lycée plutôt que d'Université :
ils font la « classe » d'une manière assez
élémentaire, et peut-être peu personnelle.
Ou bien ils font des cours à l'allemande, à
l'aide de cahiers qui, une fois établis, sont
tenus au courant des acquisitions nouvelles
de la science sans grande dépense de temps.

Dans ces huit à quinze heures, il faut
mettre à part une ou deux heures, parfois
trois, de leçons de séminaire où se fait le
travail original de recherche, l'apprentis-

sage sérieux des méthodes, le véritable
enseignement supérieur en un mot.

Le chef de département dispose de certains crédits pour la correspondance et les
menues nécessités de l'enseignement, achat
de fiches, dactylographie, etc.

Chaque professeur ou maître de conférences a son cabinet à l'Université : il y
transporte une partie de ses livres. Le téléphone le met en communication avec toutes
les parties de l'Université et avec la ville.
Il passe là une bonne partie de sa journée.
C'est là qu'il travaille à portée de la grande
bibliothèque. M. Weeks à Barnard College
occupe deux belles salles ; M. Cohn, dans
le bâtiment de la Faculté de philosophie, est
plus étroitement logé, un peu mieux seulement que notre doyen. Cette commodité
est due à l'installation si large des Universités américaines auxquelles l'espace n'est
pas mesuré. Elle est rendue nécessaire par la
multiplicité des « classes » ; souvent, le professeur n'a qu'une ou deux heures de liberté
entre deux cours ; ce n'est pas assez pour

retourner chez lui. Il s'accommode d'autant mieux de demeurer à l'Université que la séparation du travail professionnel et de la vie de famille, de l'*office* et de l'habitation, est un trait général des mœurs américaines. Cela a ses avantages et ses inconvénients. Cela tient la femme plus à l'écart que chez nous des occupations et des pensées du mari. Mais pour la vie universitaire, cela rapproche le professeur des étudiants : les rapports sont plus fréquents, plus étroits ; la confiance croît avec la connaissance réciproque, et un maître intelligent peut ainsi, en dehors de l'enseignement qui s'adresse à tous, exercer sur la formation des individus une influence considérable.

Une des parties les meilleures des Universités américaines, ce sont leurs bibliothèques. Elles sont presque toutes de fondation assez récente, mais elles s'accroissent rapidement. Celles de Columbia, Harvard, Yale, n'ont pas besoin d'être citées : mais s'attendrait-on qu'Ann Arbor eût 5oo ooo volumes ?

Les livres français sont en nombre dans ces bibliothèques, un peu capricieusement choisis, au hasard des occasions ou des besoins particuliers. Il y a des lacunes et des abondances également surprenantes. Mais les professeurs actuels travaillent à compléter les fonds méthodiquement, à faire venir les éditions utiles, les éditions *princeps*, les auteurs secondaires les plus représentatifs, les collections de journaux et de revues, les instruments nécessaires que l'érudition a préparés. Déjà en bien des endroits, on peut sur beaucoup de questions faire des travaux approfondis, et depuis une dizaine d'années, la contribution des États-Unis à l'histoire littéraire de la France n'a pas été insignifiante : il nous faut avoir l'œil maintenant sur ce qui se fait là-bas, à Columbia, à Harvard, à Yale, à Johns Hopkins, etc. La jeune génération des maî-tres a recueilli le fruit du long et ingrat effort de préparation et d'excitation de leurs aînés qui souvent, avec abnégation, ont sacrifié à l'intérêt de la littérature française et à l'éducation critique des étudiants leurs projets personnels de recherche originale. Les résultats commencent à venir, déjà très honorables. Nous ne pouvons plus ignorer l'Amérique : quand nous étudions la critique de la Renaissance, Montaigne, ou Montesquieu, il faut tenir compte de Spingarn, de Miss Grace Norton, de Jameson. Un des plus jolis livres qui aient été écrits sur Molière est celui du professeur Brander Matthews. Avons-nous l'équivalent de l'essai de Thomas sur Maeterlinck? Le premier manuel de bibliographie de la littérature française au XIX° siècle qui ait existé, est celui du professeur Thieme, dont tout le monde profite silencieusement en y remarquant tout haut les fautes. Je pourrais allonger cette liste d'une foule de travaux honorables et utiles, thèses, dissertations, articles. Sans avoir à mettre en ligne sur l'histoire de la littérature française moderne une production comparable en abondance à celle de l'Allemagne, les États-Unis promettent de dépasser le niveau moyen des contributions allemandes : il est déjà apparent que, se servant de l'érudition, mais allant au delà, l'intelligence américaine est capable de saisir dans nos œuvres littéraires ce qui échappe d'ordinaire à l'esprit allemand comme par une fatalité de sa constitution.

Mais je reviens aux bibliothèques universitaires. Elles sont en général bien installées, avec des salles communes de travail, des salles pour la lecture des revues, des salles spéciales pour les étudiants de diverses catégories. A Columbia, les « séminaires » sont unis à la bibliothèque : les études supérieures de littérature française se font à côté des magasins de livres, à portée des œuvres même. On peut, au cours de la conférence, faire une recherche, une vérification dans les textes, répondre avec précision à une question imprévue.

A Harvard, dans la bibliothèque du droit, on a imaginé que les professeurs travailleraient et auraient besoin des livres. Tout le long des magasins sont aménagés des *boxes* séparés par des tablettes de verre ; dans chaque *box*, un bureau, un fauteuil, un téléphone. Les professeurs s'installent là, n'ayant qu'à allonger le bras pour prendre les livres sur les rayons, et demeurant en communication constante avec leur département.

En quelques endroits, les bibliothèques de certaines facultés, droit ou médecine, sont séparées. C'est un inconvénient : car toutes les spécialités sont des abstractions, toutes les connaissances humaines communiquent et se pénètrent. Attribuera-t-on Montesquieu à la bibliothèque du droit ? La Mettrie et Claude Bernard à la faculté de médecine ? Pascal et Bossuet à la faculté de théologie ? Ce seront autant de lacunes à la bibliothèque de la faculté de philosophie, ou bien autant de doubles emplois coûteux.

Certaines bibliothèques ont été très mal classées, d'une façon tout abstraite et peu pratique. Quelques-unes sont mal desservies, par un personnel de jeunes garçons qui ne savent trouver que les livres anglais.

Mais à l'ordinaire il n'y a qu'à admirer la commodité des dispositions, l'excellence des catalogues, les facilités données pour l'accès aux catalogues et aux rayons.

On vole des livres. Les conservateurs et employés de tout ordre font de leur mieux pour empêcher les vols ou saisir les coupables. Mais ils considèrent que c'est là le risque professionnel des bibliothèques publiques, et ils ne songent pas à punir les voleurs sur les étudiants honnêtes en rendant l'usage des livres aussi incommode et difficile que possible pour tout le monde.

J'ai vu une bibliothèque qui est vraiment un modèle d'organisation. Ce n'est pas une bibliothèque universitaire : c'est la bibliothèque du Congrès, que dirige M. Putnam, à Washington. Elle possède 1 500 000 volumes, et dispose, je crois, de 200 000 dollars par an pour les acquisitions nouvelles. Elle est ouverte au public. Grâce aux tubes pneumatiques et aux chariots, la demande est immédiatement transmise aux magasins, et le livre immédiatement envoyé : cinq minutes après le dépôt du bulletin, il doit être là. Si une demande n'a pas eu de réponse en douze ou quinze minutes, c'est qu'il y a quelque chose d'anormal; il faut que le lecteur réclame au bureau. A l'heure de ma visite, à une époque où le Congrès ne siégeait pas, il y avait peu de lecteurs [1]: on m'assure que nulle affluence ne peut déranger le service. Tout paraît en effet avoir été bien prévu.

On ne saurait concevoir d'une façon plus haute et plus pratique à la fois la fonction sociale et nationale d'une bibliothèque. Celle-ci n'est pas seulement un dépôt de livres, mais un institut de bibliographie. Le catalogue est un répertoire scientifique. Chaque livre donne lieu à deux fiches, la fiche *auteur* et la fiche *matière*. La fiche *matière* peut se dédoubler, se multiplier. Ainsi l'ouvrage de M. Rébelliau sur l'*Histoire des variations des Églises protestantes* de

1. J'aurais aimé à voir là les 3 à 400 lecteurs de notre bibliothèque nationale, et comment on se serait tiré d'affaire avec les 150 à 200 lecteurs qui arrivent les jours d'hiver entre une heure et demie et deux heures et demie.

Bossuet, se trouvera au mot Rébelliau, au mot *Bossuet*, au mot *Protestantisme*, etc.

Tout recueil d'essais est dépouillé et donne lieu à une fiche *auteur* et à au moins autant de fiches *matières* qu'il y a d'articles dans le volume. Tous les périodiques reçus par la bibliothèque sont dépouillés et mis en fiches selon la même méthode.

Tous les ouvrages, tous les articles relatifs à Corneille sont rappelés au nom de *Corneille*[1].

Si bien que le catalogue de la bibliothèque fournit immédiatement toute la bibliographie d'un sujet : les fiches *matières* surtout sont d'un service inestimable.

Chaque année, la bibliothèque constitue et publie, en fascicules légers, des bibliographies sommaires de questions spéciales, où l'essentiel de la documentation est indiqué avec une science sûre. On choisit les sujets désignés par l'actualité, par

1. A Columbia aussi, le catalogue contient, au nom d'un auteur, outre l'indication des éditions, deux séries de fiches, l'une pour la biographie, et l'autre pour la critique.

exemple les questions sur lesquelles le Congrès doit délibérer dans la session prochaine : mines, chemins de fer, législation du travail, assistance, toutes sortes de questions économiques et sociales.

La Bibliothèque imprime elle-même son catalogue, comme elle relie elle-même ses livres[1]. Et ici, j'ai admiré une institution originale, où apparaît un esprit excellent de solidarité. Chaque fiche est imprimée à un grand nombre d'exemplaires et vendue au prix de revient (1/2 sou, je crois). Chacun peut acquérir les fiches qu'il veut, en nombre aussi réduit ou aussi considérable qu'il veut. On peut s'abonner pour recevoir les fiches d'une certaine spécialité.

Les bibliothèques pauvres ont ainsi le moyen de se faire à peu de frais un catalogue exact et complet, et elles peuvent être, en même temps, guidées dans leurs achats : les fiches de la Bibliothèque du Congrès

---

1. Cet atelier de reliure ne s'explique que par le prix élevé et la mauvaise qualité des reliures exécutées par le travail privé. Avant qu'il existât, les livres de la Bibliothèque de Washington se reliaient à Paris.

les tiennent au courant de tout ce qui paraît d'important.

Les étudiants que j'ai vus de près, n'étaient pas beaucoup plus dérangés que les nôtres par les sports.

Ils étaient beaucoup plus tenus. Le système des examens et des concours n'est pas organisé là-bas de sorte qu'il soit indifférent d'avoir paru à l'Université ou de n'y avoir pas paru, d'avoir ou de n'avoir pas donné satisfaction aux maîtres chargés de l'enseignement. Je retrouve ici l'absence de défiance à l'égard des hommes que j'ai déjà signalée. On ne refuse pas systématiquement de compter sur leur honnêteté professionnelle, sur leur esprit de justice et leur sentiment de la responsabilité. On aime mieux faire état du jugement réfléchi d'un professeur qui a suivi l'étudiant pendant une année, que de l'impression instantanée d'un examinateur qui a soudainement devant lui une bande ahurie et ahurissante de candidats inconnus.

L'assistance aux cours est obligatoire et contrôlée. D'ailleurs, comme l'étudiant paye en raison du nombre des cours pour lesquels il s'inscrit, il ne s'inscrit qu'aux cours qu'il est résolu à suivre. Il sait aussi que l'opinion de ses maîtres est la principale garantie du succès dans la poursuite d'un diplôme.

J'ai déjà dit que beaucoup de « classes » me paraissaient d'un caractère assez élémentaire. La « classe » dure cinquante minutes : il faut que le professeur s'arrête à la minute précise où l'heure sonne. Cette ponctualité est nécessaire, parce que les cours se succèdent sans interruption et qu'il faut se transporter souvent d'un bâtiment à un autre : ce n'est pas trop de quelques minutes pour le mouvement.

On ne doit pas songer à achever un développement commencé, à peine peut-on finir sa phrase. Beaucoup d'enseignements se donnent à l'allemande, en se continuant d'une leçon à l'autre. On s'arrête quand l'heure sonne ; et l'on reprend, deux, trois ou huit jours après, le développement interrompu. Les divisions de la matière tombent au milieu des leçons, au petit bonheur. Cette méthode d'exposition s'accommode de la stricte observance des cinquante minutes.

On est un peu plus gêné quand on veut que chaque leçon ait son commencement, son milieu et sa fin. Il faut avoir l'œil sur la pendule et proportionner exactement chaque développement, selon l'étendue totale du champ à parcourir. Les étudiants américains, d'ailleurs, sont reconnaissants à ceux de leurs maîtres qui se donnent pour eux cette peine. Ils sentent la commodité pratique de cette manière de distribuer un sujet, sa clarté, la facilité qu'elle donne à l'assimilation ; ils en sentent aussi la supériorité esthétique ; ils aiment pour elle-même la clarté des ordonnances harmonieuses. C'est la raison qui fait le succès de l'architecture française aux États-Unis.

L'étudiant doit fournir environ une heure de travail personnel pour chaque heure de cours. De plus, il est astreint à des compositions écrites. Mon cours sur le xviiie siècle comportait pour les assistants l'obligation d'écrire en français une dissertation d'environ 200 lignes, un *thème* comme on dit là-bas, sur un sujet connexe à la matière du cours.

Les étudiants sont très inégaux de culture et de capacité, très divers d'origine et d'éducation ; parmi la quinzaine d'auditeurs de mon petit cours, cinq ou six races ou nations étaient représentées : Angleterre, Nouvelle-Angleterre, Canada, Allemagne, Italie, Chili, sans compter la France et la Nouvelle-Calédonie. Tous ces éléments ont besoin d'être fondus, unifiés, amenés à un niveau moyen et à une direction commune d'esprit.

J'ai été frappé, dans mes deux cours, du sérieux, de l'application, de l'avidité avec lesquels tous saisissaient les connaissances nouvelles, les méthodes et les idées qui leur étaient présentées : il y avait chez tous ces jeunes gens et ces jeunes filles une volonté ardente de s'approprier tout ce qui pouvait servir à leur développement.

Leur confiance, leur docilité sont touchantes. Chez quelques-uns, cette attente de l'impulsion du maître a pour revers une insuffisance d'initiative. Au sortir d'une leçon, un étudiant venait me demander de marquer avec précision quelles pages de Montesquieu ou de Diderot il fallait lire : l'orientation générale des curiosités qui résultait du cours ne lui suffisait pas. Dans telle grande Université, me disait-il, à chaque conférence, le professeur désigne les pages à lire de l'auteur dont il a parlé, de quoi remplir une heure ; et on ne lit que celles-là.

La confiance aux livres est égale à la confiance dans le maître. J'ai noté comme un trait assez commun la disposition à croire que le travail fait en critique ou en histoire littéraire est définitif, que les résultats en sont acquis et qu'il n'y a plus besoin d'y revenir. A tous les sujets d'étude que j'offrais, on me disait d'abord : « Qu'est-ce qu'il faut lire là-dessus ? », et quand je répondais : « le texte de votre auteur », je voyais bien qu'on était un peu surpris, que l'indication paraissait maigre. J'avais quelque peine à faire admettre que c'était là l'essentiel, et que lorsque l'on ne pouvait donner au travail qu'un temps très limité, c'était à la fois le nécessaire et le suffisant.

Un de mes auditeurs est venu me proposer d'étudier l'influence de Jean-Jacques Rousseau sur la pédagogie moderne aux États-Unis. Et quand je lui ai conseillé de se borner, d'étudier, par exemple, ce que Rousseau lui-même entendait par l'éducation négative, il a reculé effrayé : « Mais, pour cela, il faudra lire l'*Émile!* Et c'est bien gros ! » Il croyait pouvoir, pour le sujet qu'il avait choisi, se contenter d'une analyse de l'*Émile* qu'il aurait trouvée dans un ouvrage de seconde main. Une telle idée n'est pas commune, mais elle est la note extrême d'un état d'esprit assez répandu.

Je m'explique cette singulière facilité à se passer des textes, dans des esprits d'ailleurs précis et pénétrants, peut-être d'abord par une application maladroite de l'érudition qui parfois peut conduire à substituer la connaissance de ce qu'on a dit des auteurs à celle de ce qu'ont dit les auteurs, mais surtout par l'absence, à tous les degrés et dans toutes les branches de l'instruction, de l'exercice, pour nous Français fondamental, qu'on appelle l'*explication des textes*. Même dans l'étude de la langue maternelle, cet exercice n'est pas pratiqué. Les étudiants de ma petite conférence m'ont dit n'avoir jamais expliqué un texte autrement que pour y déterminer le sens des mots, ou pour y étudier des faits d'histoire de la langue et des faits grammaticaux. Qu'on pût, partant de l'étude du sens littéral, s'élever à l'examen des idées, de leur enchaînement, de leur valeur, à l'analyse esthétique de la forme, et à l'intelligence du rapport qui unit les idées à la forme ; que l'explication d'une page de français consistât d'abord à prendre une conscience distincte de notre réaction personnelle à sa lecture, et de là, par l'emploi de divers moyens de contrôle, qu'on arrivât à déterminer sa signification pour l'histoire d'une époque de la littéra-

ture, ou pour la connaissance de la psychologie de l'écrivain, c'était quelque chose
dont ils n'avaient absolument ni l'idée, ni la
pratique. Tous les étudiants me l'ont dit,
et tous les professeurs me l'ont confirmé.

C'était précisément la raison pour laquelle
mon ami Cohn m'avait demandé de consa-
crer l'un de mes cours à l'explication française. Mes auditeurs s'y sont vivement inté-
ressés. Très bravement, ils se sont mis à
cette besogne nouvelle ; et, pour une première expérience, ils ne s'en sont pas mal
tirés du tout. Tous ont employé le français
exclusivement ; sur dix qui ont parlé, deux
avaient écrit à l'avance leur explication ; les
huit autres ont développé librement des
notes et des plans. Quatre ou cinq ont réussi
assez bien à marquer les caractères distinc-
tifs de leur morceau ; deux ont bien fait :
aucun n'a tout à fait manqué l'exercice.
C'est un premier résultat très encourageant.

M. Terracher, depuis dix-huit mois, a
introduit l'explication française à Johns
Hopkins, avec un plein succès ; et pour

appuyer son enseignement, assuré qu'il
était de notre accord de méthode et d'esprit, il m'a demandé de faire, pour les
élèves de son séminaire, l'étude de deux
pages de Rousseau plutôt qu'une conférence sur un sujet général.

Soit par les étudiants que j'ai vus, en 1911,
à Columbia, soit par ceux que depuis dix
ans je vois venir à mes cours de la Sorbonne, soit enfin par les thèses et articles
qui nous viennent des universités américaines, j'ai pu acquérir la conviction qu'il
y avait aux États-Unis une élite d'étudiants
égale parfois à l'élite des universités d'Europe : plus âgés, plus mûrs que les nôtres,
beaucoup sont déjà des hommes faits. Ce
sont des esprits fermes, sûrs, actifs, curieux
à la fois d'érudition précise et d'idées générales; c'est là leur caractéristique, qui les
situe intellectuellement à égale distance du
docteur d'université germanique et de l'ancien professeur de rhétorique français.

Évidemment, certaines universités sont
encore dominées par les habitudes de la

science allemande. L'érudition minutieuse, la philologie étroite, les monographies sèches, les statistiques et les dépouillements mécaniques, les collations patientes de manuscrits, les recherches positives de sources, toutes les études de détail y fleurissent; et l'on poursuit des résultats qu'on n'ose pas employer, on prépare des instruments qu'on n'ose pas manier. On extrait les pierres, on les taille, et l'on ne bâtit pas.

Mais il est visible que de toutes parts les étudiants s'élancent vers les idées, vers les vues générales et les synthèses. Ils y vont d'autant plus impétueusement que l'enseignement secondaire ne les en a pas, comme chez nous, saturés. Ils y portent une ingénuité juvénile. Les sujets vastes, illimités, impossibles, les tentent. Ils se grisent un peu de projets chimériques. Mais la plupart traversent vite cette crise utile. Dès qu'ils se mettent au travail, l'équilibre se rétablit; leur curiosité ne vagabonde pas longtemps : le sens pratique de leur nation les rabat bientôt vers les questions qu'on peut poser, dans l'état actuel de la connaissance, avec un espoir raisonnable de trouver des solutions suffisamment exactes. Jamais ils ne se résolvent à se passer de savoir, à négliger de l'acquérir : mais ils ont compris l'usage du savoir. Les bons travaux dont j'ai parlé plus haut, et d'autres faits, en sont la preuve.

J'ai assisté, à Columbia, à une séance de doctorat. Cela se passe très simplement, sans apparat, sans public, dans la salle des actes de la Faculté. C'est une conversation, non un tournoi. Juges et candidat sont assis autour de la même table : le candidat en face du président. Tous les membres du département sont là, ou ont droit d'y être. La thèse présentée est une édition d'un poème inédit du moyen âge ; on discute certaines lectures du manuscrit, certaines hypothèses relatives à l'auteur ou à la composition de l'ouvrage. Toutes les observations sont très précises et d'un intérêt très spécial.

A cet examen technique succède un examen de culture. Le candidat répond sur les diverses disciplines qui composent la philologie romane : français moderne, italien, espagnol. Les questions sont vastes et élémentaires. « A quels poètes dramatiques français a-t-on comparé Lope de Vega ou Calderon ? » On a un peu causé aussi de l'*Histoire des variations*, de Bossuet.

On me dit que ces questions ne sont guère qu'une formalité. Le candidat a fait ses études à l'Université. On le connaît. On ne le juge pas sur la soutenance. Il était reçu d'avance.

Outre les cours et les travaux auxquels ils donnent lieu, outre les examens et les thèses, l'activité des étudiants et des maîtres s'exerce dans les clubs des divers départements. Je n'ai pu assister, à mon grand regret, aux assemblées du *Germanic-Club*, où j'étais convié, mais j'ai vu fonctionner le *Romance Club*.

Sous la présidence du chef du département, les professeurs et les meilleurs étudiants de l'Université, avec quelques professeurs de français du dehors, se réunissent une fois par mois pour écouter des comptes rendus et des discussions d'ouvrages ou d'articles nouveaux. J'ai entendu un étudiant d'origine italienne faire, d'après un livre récent, une communication intéressante, pleine de faits curieux, sur les sujets empruntés aux épopées et romans français du moyen âge, dans le répertoire des chanteurs populaires et du théâtre populaire en Sicile.

Une autre assemblée, pour laquelle tous les cours avaient été supprimés, réunit une fois les départements des langues romane, anglaise et allemande ; diverses lectures y furent faites ; je notai une discussion de la doctrine esthétique de M. Benedetto Croce et de la critique qui en a été faite par le professeur Babbitt.

Je n'ai pas eu le loisir d'étudier la vie privée des étudiants. A ce que j'ai ouï dire, ils sont très inégaux de fortune, et, par là, l'Université est, une fois de plus, l'image réduite du pays. Dans l'Ouest, à Ann-Arbor, une multitude d'étudiants n'ont aucune ressource. Ils travaillent pour s'entretenir à l'Université. Un certain nombre s'engagent pour servir leurs camarades à table, pour faire leurs chambres, etc. Aucun préjugé ne détourne du travail honnête, quel qu'il soit.

A New-York et dans les très grandes villes, les étudiants sont plus dispersés ; plus la ville est petite, plus ils se concentrent dans l'enceinte des universités. Ils y logent dans de vastes maisons d'étudiants, ou *dormitories*. Ils se groupent en fraternités, en sociétés, en clubs de toutes sortes, pour lesquels on leur accorde libéralement des salles ou des terrains dans le *Campus* universitaire.

J'ai eu l'honneur d'être l'invité de la *Société française* des étudiants du Columbia. L'Université leur a concédé, dans un de ses vieux bâtiments, au 3e ou 4e étage, une salle qu'ils ont meublée et décorée très modestement. Une cinquantaine de personnes, étudiants et professeurs, sont réunis sous les couleurs françaises. Le président est d'origine française ; il y a des étudiants de toutes nations, des Américains, des Roumains, des Turcs, un ou deux Chinois. On ne parle que français. C'est simple, vivant, cordial.

On expédie d'abord les affaires courantes ; on discute, on vote. Puis on cause, on boit du punch ; on dit des vers, on chante la *Marseillaise*. Une pancarte, au mur, donne le texte en gros caractères. Tout le monde chante, avec une conviction vraiment émouvante. Nos amis d'Amérique n'ont pas de peine à sentir la beauté fière de ce chant sous la phraséologie surannée : leur souvenir de la guerre de l'Indépendance, leur patriotisme républicain les mettent tout de suite à l'unisson. Pour les autres étrangers qui sont là, le vieil hymne révolutionnaire évoque l'idéal enivrant de la liberté ; à chaque nationalité opprimée il représente une espérance d'affranchissement et de bonheur. Tous les visages sont graves et enthousiastes. Les Turcs et les Chinois[1] ne sont pas les moins ardents. Dans le goût qu'on a pour la langue et la littérature françaises, entre pour une bonne part l'amour de ce qu'on appelle « les idées françaises ». Nous perdrions beaucoup de crédit à ne vouloir plus être que les artistes chargés d'amuser le monde, à oublier que nous sommes pour tous les peuples la France de la Révolution.

1. Un scrupule me vient : y avait-il des Chinois ?

VI

COLLÈGES DE JEUNES FILLES

VI

COLLÈGES DE JEUNES FILLES

J'ai eu le regret de ne pouvoir m'arrêter à l'Université féminine de Bryn Mawr, ni répondre aux pressantes invitations qui me furent envoyées de visiter Vassar College (à Poughkeepsie). Je n'ai fait que passer, le temps d'une conférence, à Victoria Collegè de Mc Gill, à Montréal.

J'ai mieux vu, sans pouvoir leur donner tout le temps qu'il aurait fallu, trois grands collèges du Massachusetts : Mount Holyoke College, à South Hadley, près de Springfield, Wellesley College à Wellesley près de Boston, Smith College à Northampton.

J'ai passé aussi quelques heures, sur l'invitation de M. Bargy, au Normal College de la ville de New-York.

Ce dernier est en pleine ville, au coin de la 68ᵉ rue et de la 4ᵉ Avenue : les 3 000 élèves sont externes et vivent dans leurs familles. De ce fait, le Normal College ressemble davantage à ce que nous avons chez nous.

Wellesley et Smith sont situés dans de petites villes ; Mount Holyoke, à côté d'un simple village. L'air et l'espace y abondent. Leurs *Campus* embrassent des collines, des bois, des étangs. Wellesley surtout est dans une situation délicieuse ; devant son vaste lac bordé de coteaux boisés, le poète Yeats disait l'an dernier à la veuve du fondateur : « *You have elected a place eternally beautiful.* — Vous avez choisi un site d'une beauté éternelle. »

Le plus modeste des trois, Mount Holyoke College, a dans la vallée du Connecticut un *Campus* d'environ 35 hectares. Une vingtaine de bâtiments y sont semés : Mary Lyon Hall, sur l'emplacement du collège primitif — c'est là qu'est la chapelle, avec la salle des actes, les services administratifs, la poste, etc. —; la bibliothèque, le pavillon des Beaux-Arts, le pavillon de la physique et de la chimie, celui des sciences naturelles et de la psychologie, les serres, l'observatoire, le gymnase, le pavillon de la musique, l'hôpital, neuf *dormitories* ou maisons d'étudiantes, contenant de 60 à 100 chambres chacune (il y a 800 élèves) : enfin Peterson Lodge, qui contient 12 appartements pour les professeurs retraités.

Les maîtresses logent en ville, à leur choix, ou dans les *dormitories*, où elles ont un salon réservé à côté de celui des élèves. Mais à la salle à manger, chacune des maîtresses résidentes préside une table. A Smith, à Wellesley, une partie des élèves logent en ville.

Chaque bâtiment a son nom, commémoratif du donateur ou choisi par lui. A Smith, à Wellesley, diverses sociétés d'élèves se sont bâti dans le *Campus* des lieux de réunion; l'architecture et les dénominations de ces pavillons sont parfois un peu bizarres, parfois sévèrement classiques.

Tous ces collèges sont largement dotés par la libéralité première de leurs fondateurs et par les libéralités successives des nouveaux donateurs et des anciennes élèves. Chaque année il se construit quelque maison nouvelle, et l'argent ne manque jamais.

Le Culte, dans les établissements que j'ai vus, est *undenominational* : c'est d'ailleurs une condition requise pour qu'ils puissent avoir part au fonds Carnegie, J'ai assisté au service du dimanche à Mount Holyoke[1]. Un professeur de théologie était venu officier : on a chanté des psaumes et des hymnes, et entendu un sermon de morale. Le Collège n'a pas de pasteur attitré. Chaque dimanche on a un ministre différent, de n'importe quelle confession chrétienne. On pourrait inviter un prêtre catholique, si l'on ne savait d'avance que l'Église romaine n'accepte pas ce régime d'égalité et de tolérance réciproque. Cependant il arrive que des élèves catholiques assistent au culte du collège ; mais la plupart vont à la messe à Holyoke.

L'assistance au service *undenominational*

---

1. La chapelle sert à l'occasion de salle de réunion : j'y ai fait une conférence sur le Comique de Molière.

est obligatoire pour toutes les élèves des confessions protestantes.

Le Normal College de New-York avait dû élargir la définition du culte *undenominational*, de façon à ne pas lui donner pour base le Nouveau Testament qui exclut les juifs, mais l'Ancien Testament qui peut réunir juifs et chrétiens. New-York, dans ses 4 millions d'habitants, compte 8 à 900 000 israélites, et l'élément juif forme une part imposante de la population du Normal College. On a dû en venir d'ailleurs, en ces dernières années, à rendre l'assistance au service religieux facultative.

La vie des Colleges est tout à fait intéressante pour nous, par son contraste avec nos habitudes et nos mœurs.

Les jeunes filles ont une grande liberté d'allées et de venues. Mais cette liberté est réglementée.

A Mount Holyoke College, la clientèle est médiocrement aisée, et la plupart des jeunes filles se destinent à l'enseignement. La pension complète coûte 350 dollars ; et il y a fort peu de suppléments.

On peut quitter South Hadley pendant toute la journée, jusqu'à 6 h. 30 du soir en hiver et 7 h. 30 en été.

Mais il faut une permission pour aller se promener en voiture ou en automobile le soir ou le dimanche, pour assister à des matinées ou soirées au théâtre, pour canoter, pour aller en partie de *camping* ou à d'autres villes le dimanche. Les *Freshmen*, ou élèves de 1re année, ont besoin d'une permission pour manquer un cours, ou pour passer une nuit au dehors. Les élèves des trois autres années, *sophomores*, *juniors*, et *seniors* doivent se faire inscrire, si elles ne doivent pas rentrer coucher, indiquer la durée probable de leur absence, et signer sur le registre à leur rentrée.

Il faut se faire accompagner d'un chaperon pour toutes les sorties du soir, pour sortir avant quatre heures et demie du matin, pour toutes les réunions, parties et amusements hors du collège, pour toutes affaires à Amherst et autres collèges d'hommes, pour tous repas, réunions ou promenades en voiture avec des hommes hors du collège, pour recevoir des hommes dans le collège. Les *Freshmen* ne peuvent aller seules en voiture : il faut au moins la présence d'une *senior* ou d'une *junior*.

Un seul chaperon ne peut accompagner plus de six jeunes filles. Les chaperons sont choisis sur une liste officiellement approuvée.

L'assistance au service religieux du matin et à celui du dimanche est obligatoire.

Le silence doit régner à partir de dix heures, et les lumières doivent être éteintes. On ne peut faire couler de l'eau dans les baignoires avant six heures et demie du matin.

Chaque élève doit être rentrée à sa résidence avant dix heures.

On ne peut passer la nuit dans une autre résidence, ni dans une autre chambre de sa résidence, sans en donner avis par écrit.

On ne peut aller sans chapeau à Holyoke ni en tramway.

Les pique-niques sont interdits le dimanche.

Enfin il résulte de toute cette réglementation qu'il n'y a guère que le village de South Hadley où une élève puisse circuler seule à toute heure du jour.

Une mère française qui ne serait pas rassurée, serait bien difficile.

Mais ce règlement — voilà où consiste la liberté — a été établi et voté par l'association des élèves (the Students' League of Mount Holyoke College), et c'est elle qui nomme des officiers pour en assurer l'observation et contrôler la conduite individuelle des jeunes filles. Elles élisent tout un état-major, présidente, vice-présidente, secrétaire, trésorière, commission exécutive, comités. Chaque résidence ou *dormitory* a son comité avec une *chairman* et des *proctors*. Toute la discipline du collège est ainsi assurée par les élèves elles-mêmes : elles jugent toutes les questions relatives à la conduite et à la tenue.

Seulement, une toute petite phrase des

statuts, à la première page, mentionne que la Présidente et le Conseil du College ont toujours le droit de révoquer les pouvoirs accordés à l'association des élèves. C'est la soupape de sûreté de ce régime de *self-government*.

Smith et Wellesley ont une clientèle plus riche que Mount Holyoke. La pension y coûte 450 ou 500 dollars. Les règlements disciplinaires sont moins stricts. Des automobiles circulent sans cesse, conduisant des jeunes filles à la gare ou en excursion. Souvent on voit filer en voiture ou en auto deux jeunes filles avec deux jeunes hommes : en général, me dit-on, ceux-ci sont des camarades d'enfance, de même âge ou plus jeunes que les jeunes filles. Le péril est plutôt pour eux, le péril d'un mariage prématuré et irréfléchi.

Le revers de la médaille est l'excès des dépenses. Le père de famille doit prévoir que les 450 ou 500 dollars de la pension seront à peu près doublés. Parfois la jeune fille fait des dettes au collège. Elle aime les fleurs ; à toute occasion, elle en offre à ses bonnes amies : à la fin de l'hiver, il n'est pas rare qu'elle ait une note de 60 ou 80 dollars chez le fleuriste.

On m'a cité un College, où l'on a dû décider que les diplômes ne seraient pas délivrés à celles qui auraient en ville des notes impayées.

Comme la vie au collège est souvent plus large, plus luxueuse que dans la famille, on s'y dégoûte parfois de la maison paternelle, du ménage et des soins domestiques. Le *dormitory* prépare à aimer la vie d'hôtel.

En revanche, le collège habitue à compter sur soi-même. Les goûts de bien-être et de luxe qu'il développe excitent l'énergie de la jeune fille, qui, plutôt que de végéter à la charge des siens au foyer domestique, choisit une carrière, et s'efforce de se donner, par son activité propre, la vie large qu'elle aime.

Les jeux et les sports sont en honneur : *basketball*, natation, *rowing*. La forme des embarcations, seulement, est prescrite, pour diminuer les chances d'accident : le canot canadien est interdit.

J'ai vu partout des bibliothèques, des instituts, des serres, des laboratoires splendides : plus d'une de nos Universités pourrait envier les installations de Smith et de Wellesley pour la botanique et l'histoire naturelle.

Le bâtiment de l'éducation physique à Wellesley est remarquable : des salles de cours se voient à côté des salles d'exercices, et l'on passe des appareils au tableau noir ; gymnastique, hygiène, physiologie sont étroitement liées ; l'enseignement est conçu méthodiquement d'une manière rationnelle ou scientifique ; et l'on me dit que les jeunes filles qui sortent avec le diplôme d'éducation physique de Wellesley, sont assurées de trouver immédiatement dans les établissements d'éducation des emplois de 1 000 à 1 200 dollars comme professeurs de gymnastique et d'hygiène.

J'ai passé trop vite pour me rendre compte de la qualité des études.

Pour entrer à Mount Holyoke, il faut ou bien passer un examen, ou bien avoir le certificat d'une école approuvée par la Commission d'examen.

Les candidates doivent présenter l'anglais, l'histoire, le latin, les mathématiques ; une seconde langue (grec, français ou allemand, au choix) ; une troisième langue (français ou allemand, au choix) : la troisième langue peut être remplacée par la physique, la chimie, la botanique et la musique.

On devient *Bachelor of Arts*, par quatre années d'études ; dans les deux premières, le travail est imposé ; dans les deux dernières, il est librement choisi. C'est ce mélange, très attentivement dosé, d'initiative volontaire et d'obéissance disciplinée qui me paraît faire le caractère intéressant pour nous des études comme du régime intérieur dans les collèges américains de jeunes filles.

Les résultats de l'enseignement du français m'ont paru très sérieux. Les jeunes filles des *clubs* français avec lesquelles j'ai causé, dans les trois Colleges de Massachusetts et au Normal College de New-York, comprenaient aisément et parlaient, quelques-unes avec facilité, les autres avec une volonté résolue et victorieuse d'arriver à exprimer tout ce qu'elles avaient à dire. Elles avaient toutes lu des auteurs français, des classiques et des contemporains, et elles avaient le goût d'en lire. Elles aimaient à parler de Molière, de Victor Hugo, d'Émile Augier.

Une présidente d'un de ces *clubs*, une jeune israélite, m'a entretenu avec une très fine intelligence de Leconte de Lisle, de Sully-Prud'homme, de Verhaeren.

La comédie est très en honneur dans ces collèges. Chaque établissement a son théâtre. A Mount Holyoke College une petite scène est installée au fond du gymnase. Mais on trouve cette communauté gênante : les cours de gymnastique empêchent les répétitions. Aussi songe-t-on à bâtir un théâtre dans le *campus* : c'est l'affaire de 50 000 dollars on compte les avoir l'an prochain. On devait jouer cette année le 25 octobre *la Princesse d'Élide*. C'est du Molière. On me parle de la pièce comme on me parlerait du *Misanthrope*. On me demande ce que je pense du personnage de Moron comme on me consulterait sur Sganarelle ou sur Scapin. Évidemment on ne distingue pas aussi vivement, on ne choisit pas aussi librement que nous faisons dans la production de nos grands écrivains : le respect et l'étude s'étendent à toute l'œuvre authentique et signée.

Une chose me frappe, dans ces collèges de la Nouvelle-Angleterre ; c'est la liberté d'esprit, la largeur de vues qui prévalent dans l'enseignement. Et nous sommes pourtant dans la région des État-Unis où persiste avec le plus de force le rigorisme des vieilles mœurs puritaines.

Dans les bibliothèques que j'ai visitées, j'ai vu s'aligner sur les rayons, accessibles à toutes les curiosités, Voltaire, Montesquieu, Rousseau, Diderot, tout notre xviii° siècle, et Balzac, Sand, Flaubert, Daudot, Loti, Zola, les Goncourt, Anatole France, Dumas, Augier, Becque, Barrès, Marcelle Tinayre, Maeterlinck, tout ce qu'il y a de plus important dans le roman et le théâtre du xix° siècle, tout ce qu'il y a de plus moderne et actuel dans la littérature de l'heure présente. Et je songe à telle de nos grandes écoles supérieures de jeunes filles où il a fallu, il n'y a pas si longtemps, deux ou trois ans de lutte pour décider l'acquisition d'un exemplaire de Voltaire : à tel de nos collèges de garçons où, il y a quinze ans, un censeur libéral n'osait pas placer Renan à la portée des élèves de philosophie : à telle de nos plus considérables universités où, il y a quinze ou vingt ans, André Chénier n'était pas communiqué aux étudiants sans un billet spécial d'un professeur, parce que c'était un « auteur frivole », et où le xix° siècle à peu près tout entier était absent du catalogue et des rayons.

Mais peut-être, en revanche, aux États-Unis ne fait-on pas assez sévèrement le triage du supérieur et du médiocre, de l'éternel et de l'actuel ; on sacrifie peut-être un peu trop à la mode, à la dernière mode. Il est si difficile, à distance, de démêler les raisons d'un succès qui ne trompe personne à Paris.

On aborde avec sécurité l'étude, on classe, de certaines œuvres que nous regardons en France comme n'étant pas pour les demoiselles. Dans un collège, on a passé trois mois l'an dernier sur les *Corbeaux* de Becque ; on a lu aussi les *Idées de Mme Aubray.*

Je m'étonne un peu. Ce sont des pièces qu'on ne laisserait pas jouer sur un théâtre public à Boston : et à une demi-heure, à deux heures de Boston, elles servent de livre d'étude aux jeunes filles.

Justement, me dit-on. Comme amusement, elles sont mauvaises et interdites : comme étude, elles peuvent être profitables, et sont permises. Toutes ces jeunes filles, de familles aisées ou riches, sont habituées de bonne heure chez elles à participer aux œuvres d'assistance. Elles ont visité les malheureux des faubourgs des grandes villes. Elles ont tout vu de la misère humaine ; elles savent tout. Il ne peut être que bon et sain d'examiner avec elles, sérieusement, dans un esprit de réflexion élevée, les problèmes moraux et sociaux de la civilisation contemporaine que posent les comédies de Becque, de Dumas et d'Augier : la question d'argent, la question de la fille séduite, celle de l'enfant naturel, celle du divorce, etc. On peut tout dire, pourvu qu'on le dise gravement, qu'on ait pour but d'éclairer la conscience et d'enrichir le cœur.

Réellement, il n'y a pas de contradiction entre les magistrats qui ferment la scène aux pièces françaises et les maîtresses qui leur ouvrent les classes. Et ces maîtresses américaines font bien de l'enseignement de notre langue un instrument d'éducation : de notre littérature si souvent dénoncée comme frivole et immorale, leur haute conscience et leur goût savent extraire une substance morale, saine et forte.

Toutes les visites que j'ai faites dans ces

collèges ont été réconfortantes pour mon patriotisme littéraire, pour ma foi dans la valeur de la culture qui s'acquiert par le français.

VII

CE QU'ON DEMANDE A LA FRANCE
ET CE QUE LA FRANCE
PEUT RECEVOIR DANS
LES ÉCHANGES UNIVERSITAIRES
AVEC LES ÉTATS-UNIS

VII

CE QU'ON DEMANDE A LA FRANCE,
ET CE QUE LA FRANCE PEUT RECEVOIR
DANS LES ÉCHANGES UNIVERSITAIRES
AVEC LES ÉTATS-UNIS

Il y a eu visiblement, en ces dernières années, de la part des Universités américaines, un appel à la France. Les unes nous ont offert des échanges de professeurs : les autres, tout simplement, nous ont demandé de venir chez elles.

Que veut-on, qu'attend-on de nous ?

La plupart des universités des États-Unis se sont organisées sur le type allemand. C'était tout naturel. Jusqu'en 1880, la France n'a pas eu d'Universités ; elle laissait dormir ses Facultés des Lettres et des Sciences. Elle prétendait se suffire avec ses lycées secondaires et ses grandes écoles fermées (Polytechnique, Normale, Centrale). L'Allemagne était le pays des Universités ; c'était là qu'on allait vivre la vie de l'étudiant, s'initier aux méthodes et aux résultats de la science. Après 1870, le prestige de la victoire militaire a doublé l'autorité scientifique de l'Allemagne.

Cependant un moment est venu où les Américains se sont aperçus, comme d'autres peuples, que l'Allemagne n'était pas tout, ne pouvait pas tout. Ils ont jugé qu'ils avaient tiré de l'Allemagne ce qu'elle pouvait fournir, et qu'il y avait des choses qu'il ne fallait pas lui demander.

Et, à ce même moment, ils ont découvert la France, une France qu'ils ne soupçonnaient pas, réveillée, réorganisée, active, féconde. La restauration de notre enseignement supérieur, le relèvement de la science française s'étaient accomplis. A côté du Collège de France, de l'Ecole des hautes études, du Muséum, s'étaient placées l'Ecole des Sciences politiques et nos Universités renaissantes. Vers la fin du xix° siècle, la France avait repris son rang dans le monde universitaire et scientifique.

Les premiers professeurs américains qui nous visitèrent, notamment à l'occasion de l'exposition de 1900, purent confirmer par leurs observations personnelles la bonne impression que, depuis une quinzaine d'années, les livres français parvenus aux Etats-Unis avaient commencé à donner de la science française [1].

Il leur apparut bien que la méthode, la critique, l'érudition n'étaient pas des monopoles allemands ; que les Universités de France en étaient capables autant que les Universités de Prusse, de Saxe ou de Bavière ; et que l'on étudiait en philologie, histoire, philosophie ou archéologie, à Paris

1. Ce n'est que parce qu'ils sont venus chez nous — et ont vu — que les Américains, comme d'autres peuples, nous demandent d'aller chez eux. Etrange aveuglement de certains *patriotes* qui vont criant qu'il y a trop d'étrangers à la Sorbonne ! Le jour où il n'y viendrait plus que des Français, c'en serait fait de notre expansion universitaire au dehors. Et au fond, si nous allons chez eux, n'est-ce pas pour leur inspirer le désir de venir chez nous ? d'y venir recevoir, dans un commerce intime et prolongé, ce qu'il y a de plus subtil, de plus pur, et qui s'exporte le moins dans notre civilisation ?

ou à Lyon, aussi solidement qu'à Berlin, Iéna ou Munich.

Et cette opinion fut essentielle. Tant que nous aurions gardé la réputation d'être le pays de la rhétorique brillante, de faire légèrement des livres agréables qui n'apprennent rien, on ne serait pas venu à nous. Avec leur bon sens et leur esprit sérieux, les Américains n'auraient pas renoncé au savoir solide, à la critique exacte, pour le plaisir d'entendre quelques bons mots et quelques couplets éloquents. Il leur fallut d'abord être assurés qu'on pouvait s'instruire chez nous, se munir de fortes connaissances et de bonnes méthodes aussi bien qu'en Allemagne [1].

Mais ce point établi, on apprécia ce que

1. Les grands savants et les grands érudits ne nous ont jamais manqué, de Fauriel et Lamarck à Fustel de Coulanges et Claude Bernard. Mais ce qui importe dans le sujet que je traite ici, c'est le niveau moyen de l'enseignement supérieur, c'est l'existence de grands centres universitaires, bien outillés, bien organisés, où l'on soit assuré de recevoir une forte culture. C'est ce qui nous manquait avant 1880 : nos hommes supérieurs demeuraient isolés, et leur réputation individuelle ne profitait pas, comme elle aurait dû, à l'enseignement national ni à l'influence nationale.

nous étions seuls à offrir. — Ce n'est pas mon opinion que je donne ici : c'est celle de plusieurs Américains avec lesquels j'ai causé. — Les livres et les cours des professeurs allemands, à considérer la science allemande en général dans sa moyenne de bonne production et abstraction faite de quelques ouvrages supérieurs, ne peuvent entrer en comparaison avec les livres et les cours des professeurs français, pour l'ordre de la composition et l'élégance de la rédaction.

L'érudition est considérée par les Français comme un outil, non comme une fin. On ne rencontre guère, chez nous, de travailleur qui, si enfermé qu'il paraisse dans les besognes minutieuses — dépouillement de textes, établissement de statistiques, collation de manuscrits, vérification de dates, recherche de sources — n'ait l'ambition d'aboutir à une idée, une idée vraie ou aussi approchée de la vérité que possible, et qui n'estime les méthodes les plus aridement exactes par rapport à l'aide qu'elles peuvent fournir pour le contrôle ou pour la formation des vues générales.

De divers côtés, j'ai entendu dire la même chose : depuis une vingtaine d'années, il vient de France des livres savants, et qui sont suggestifs, qui font penser. Entendez : il en vient plus qu'avant. De façon que la France ne se signale plus seulement de temps à autre par un ouvrage de génie, mais régulièrement par une production incessante de bons livres, bien informés et bien faits. Pour l'économie politique et les sciences sociales, pour l'histoire de la littérature anglaise, pour la philosophie, j'ai recueilli de personnes compétentes les témoignages de cette estime. Il y a dans les ouvrages qui viennent de France, avec autant de science que dans n'importe quels autres, plus d'art et plus de pensée. On peut venir dans nos Universités pour apprendre à employer les matériaux préparés par l'érudition, et à bâtir un livre.

Mais il y a quelque chose de plus.

Les hommes d'Université les plus distin-

gués que j'ai vus, Présidents, Professeurs,
Avocats, etc., s'accordent à assigner aux
Universités un rôle essentiel dans la vie
nationale. Aussi ne consentent-ils pas à les
regarder uniquement comme des instituts
scientifiques.

Chez nous existait une vieille tradition de
civilisation, bien antérieure aux Universités
(je veux dire à leur réorganisation), qui
s'était maintenue sans elles pendant leur
léthargie de trois siècles, par l'éducation
du monde et par la puissance d'assimilation
de l'élite sociale. Cette tradition, et notre
enseignement secondaire presque exclusivement orienté vers la culture générale et
vers la formation de l'homme du monde, ont
permis à nos Universités renaissantes, leur'
ont fait même une loi de se considérer
comme étant avant tout des établissements
scientifiques, ayant pour fonction première
d'enseigner les résultats et les méthodes,
et de contribuer à l'avancement des connaissances humaines. Si la culture humaine
n'y a point été négligée, elle y a été su-

bordonnée à la culture spéciale. Il a fallu porter la plus grande partie de l'effort du côté où il y avait le plus de manque et de faiblesse.

Aux Etats-Unis, la nation n'a pas cette longue tradition de vie sociale qui affine et polit. Dans les conditions où son développement s'est fait, il a fallu d'abord songer à la vie matérielle, à faire des affaires, à gagner de l'argent. La masse a été dressée par la force des choses à vivre sans idéal, occupée de soucis positifs et n'ayant pour fin que la richesse.

L'idéalisme religieux des vieilles colonies anglaises, miné d'ailleurs par le progrès des idées modernes, mais surtout dilué dans le flot des immigrants de toutes races, apparaît de plus en plus affaibli et impuissant.

L'élite mondaine — je n'appelle pas ainsi la cohue fastueuse des parvenus, mais les vieilles familles qui ont une tradition de délicatesse — n'est qu'une goutte d'eau dans cet océan de cent millions d'hommes.

D'où l'idée d'assigner aux Universités de là-bas la haute fonction sociale que ni le monde ni l'enseignement secondaire n'y peuvent exercer. Comme d'ailleurs elles se sont dès le début organisées à l'allemande, et que l'acquisition du savoir y est toujours solidement assurée, on leur demande instamment d'aller au delà de la culture technique des spécialités : on compte sur elles pour faire l'unité de l'âme américaine, pour fabriquer une conscience collective à cette cohue disparate d'immigrés de toutes races et de toutes mentalités, pour élever le niveau, élargir l'horizon de la moralité commune, pour introduire enfin plus d'idéalisme dans la vie intense de cette multitude occupée fiévreusement à gagner de l'argent ou à étaler l'argent gagné.

Dans ce programme généreux, beaucoup nous donnent un rôle, et nous demandent notre concours pour l'exécution.

Nous sommes une nation artiste. Nous n'avons peut-être pas plus de grands artistes que d'autres peuples modernes, mais nous

avons une moyenne meilleure, une tradition plus forte et plus longue. La culture
artistique est plus diffuse chez nous, le
sens et le goût artistiques plus innés ; notre
vie se déroule, si je puis dire, dans une
atmosphère d'élégance sobre. Notre art est
le plus humain, le plus clair, le plus accessible, le plus vulgarisable. Il ne lasse pas,
parce qu'il a ce don si rare, la mesure :
seul, il a surpris ce secret des Grecs. C'est
chez nous qu'on peut venir s'initier à l'art,
faire l'éducation du goût, s'habituer à faire
une part, sans pédantisme ni caricature, à
la grâce, à la beauté, dans toutes les circonstances de la vie et dans toutes les formes
d'activité. On sait là-bas ce que nos arts
industriels, notre sculpture, notre architecture peuvent fournir d'utiles enseignements
et d'excellents modèles ; et le nouvel Institut
Franco-Américain qui s'est fondé l'an dernier, a pour objet visible de relever, à l'aide
de la France, le niveau de l'art américain,
des arts industriels comme des beaux-arts.

Nous sommes une nation idéaliste : nous

avons une tradition de rationalisme, de libéralisme, d'inquiétudes généreuses et d'enthousiasmes désintéressés, qui nous recommande à tous les peuples, quelles que soient les défaillances de notre conduite et notre acharnement à nous dénigrer nous-mêmes. Notre littérature, depuis la Renaissance, a vécu de l'expression des plus hautes idées de progrès, de justice et d'humanité[1].

Nous parlons la langue des idées claires et des idées universelles. Tout ce qui s'est, en aucun endroit du monde, pensé de vrai, d'utile ou de grand, acquiert, filtré par notre esprit et notre langage, une intelligibilité supérieure qui en accroît la force d'attraction et d'expansion. De là vient la

1. Ceux de nos concitoyens qui nous somment de ne plus aimer la France pour l'idéal de justice et d'humanité que nous mettons en elle, et qui n'admettent qu'un amour de la patrie irrationnel, instinctif et brutal, ne pensent pas qu'ils retirent à leur pays sa meilleure recommandation et son plus puissant attrait. Certains peuples s'aiment naïvement, sans avoir besoin de se donner de raisons ; d'autres s'aiment orgueilleusement, comme la race supérieure, qui a la force. La tradition du patriotisme français a toujours recommandé la France à ses enfants comme la servante ou le symbole d'une idée. N'y changeons rien.

puissance civilisatrice de notre littérature [1].

La question du latin existe en Amérique comme chez nous. Elle est, comme chez nous, disputée en deux sens. Beaucoup tiennent au latin par réaction contre l'utilitarisme grossier des gens d'affaires ; ils y voient pour leur nation neuve un moyen de se rattacher à la tradition de la civilisation européenne, et comme un titre de noblesse intellectuelle. Mais d'autres hommes, d'esprit non moins élevé et de vue très fine, comprenant l'impossibilité de ramener la masse, ou même la classe supérieure, aux sources antiques, concevant aussi le peu qu'est le latin quand on le sépare du grec, se rendant bien compte enfin de la pauvreté des résultats qu'on obtient aujourd'hui, de la pauvreté de plus en plus grande des résultats à espérer dans l'avenir, se sont demandé si cette entreprise n'était pas inutile autant qu'impossible, et pourquoi

---

1. Je dois insister encore sur ce que ce ne sont pas mes idées de notre pays que j'exprime, mais celles que j'ai recueillies maintes fois de la bouche de nos amis de là-bas.

l'on n'irait pas chercher dans le français plutôt que dans le latin, le dépôt des idées humaines. Le fond n'est pas moins riche, ni la forme moins belle. Par le fond et par la forme, la littérature française, chose moderne et vivante, est plus accessible, plus attrayante à toutes les jeunesses américaines. Ils en sont donc venus à traiter notre langue comme la langue par excellence de la culture, celle dont on peut employer l'étude pour achever et dégager l'homme civilisé d'aujourd'hui[1].

On voit assez par ce qui précède ce que nos amis des États-Unis attendent de nous. Ils ne recevraient pas avec plaisir les Français qui n'apporteraient chez eux que le goût des dollars, et qui viendraient aux États-Unis parce qu'ils ne pourraient rien faire en France. Ils voient clair. Ils se con-

---

1. C'est parce qu'on a cette idée de la France et de son rôle civilisateur que l'élite américaine a fait un accueil si particulier à notre ambassadeur M. Jusserand. Une grande autorité morale lui est venue, en ce pays, d'être un érudit, un lettré, un écrivain, un artiste. Il paraît n'y pas représenter seulement la politique et les intérêts de notre nation, mais son génie même et sa culture.

naissent en hommes, et discernent les mérites.

Longtemps le titre de professeur français
a été discrédité par l'usurpation qu'on en
faisait ; nos émigrants, coiffeurs ou cuisi-
niers, femmes de chambre ou modistes, dès
qu'ils étaient sans place, s'improvisaient
maîtres de langue française. On se tournait
donc vers les Suisses, les Belges et les
Allemands, réputés plus sérieux. Grâce à
la Société des Professeurs français qui s'est
fondée il y a quelques années [1], le mal est
à peu près réparé : leur corporation a ramené
à elle la considération publique, et nos compatriotes ont repris dans leurs mains l'enseignement de notre langue.

Quelques-uns m'ont dit qu'il restait beaucoup à faire dans l'intérieur du pays, surtout dans l'Ouest et le Far-West, mais
même aussi dans l'Est. « Voici, m'écri-
vait un professeur français, le texte d'une
annonce parue dans le *Boston Transcript* en

1. Et que préside aujourd'hui M. Georges avec tant de
distinction et de dévouement.

octobre dernier : « *Jeune homme français désire place de maître d'hôtel ou valet de chambre dans une famille privée. Donnerait des leçons.* »

Outre les qualités fondamentales de dignité morale et de compétence professionnelle, il faut qu'un maître de langue française soit capable d'enseigner, en même temps que les mots, le goût, le sens des convenances et des élégances, la délicatesse propre de la vie française.

Pour l'enseignement supérieur, on n'accueillera comme vraiment « désirables » que nos hommes de premier rang.

Les avons-nous toujours servis à leur gré ? Puisque j'en reviens, ce n'est pas à moi de l'affirmer. Ce que je puis dire, c'est que, quand on ne s'en fait pas accroire et qu'on fait ce qu'on peut pour être utile, leur courtoise sympathie ne vous laisse pas deviner de combien votre offre a été inférieure à leur demande. Mais il ne faudrait pas profiter trop souvent de cette bienveillance : la cause française en souffrirait.

On veut des titres, agrégation, doctorat, comme première garantie de valeur. Mais on ne s'éblouit pas des titres : on a vite jugé l'homme.

Le mérite sans titres se fera place : l'un des deux Français qui ont la plus haute situation dans l'enseignement à New-York, n'est qu'un licencié. Et nul ne s'étonne de le voir dans sa place. Il a une autorité morale considérable. Mais naturellement, la voie est plus longue, plus périlleuse. Il faut être prêt à lutter dix ans et à courir bien des chances, si l'on veut aller là-bas avant d'avoir pris en France tous ses grades.

Pendant longtemps M. Cohn, professeur à Columbia, a été seul ou presque seul à représenter dans les Universités l'enseignement du français par un Français. Les Allemands avaient comme monopolisé la philologie romane.

Il voit maintenant autour de lui, à travers tout le pays, de jeunes hommes fort distingués qui entretiennent le bon renom de notre enseignement supérieur dans les Universités américaines : M. Bargy au Normal College de New-York, M. Foulet[1] en Californie, M. Allard à Harvard, M. Terracher à Johns Hopkins. Je pourrais allonger la liste : dans les Universités, dans les collèges de jeunes gens et de jeunes filles, j'ai rencontré nombre de jeunes Français et de jeunes Françaises, agrégés, licenciés, certifiées de l'enseignement secondaire des jeunes filles. dont la tenue, l'intelligence et l'activité font peu à peu évanouir beaucoup de préjugés puritains ou germaniques contre nos compatriotes.

Mais pour conserver et pour fortifier notre position, il faut bien nous dire que nous ne devons exporter, en fait de professeurs, que notre première marque.

Il faut songer aussi à ce que disait M. Cohn en Sorbonne à son dernier voyage : que l'on ne nous demande pas, quel que soit leur mérite, nos certifiés et nos agrégés d'anglais. On veut des hommes qui se soient armés

1. Il vient de rentrer. Un autre Français, M. Chinard, a hérité de son enseignement.

spécialement pour l'enseignement de la langue, de la grammaire et de la littérature françaises. Mais il faut qu'en même temps ils puissent parler anglais, qu'ils aient quelque connaissance de la nation où ils viendront vivre, de son esprit et de ses mœurs.

Je ne saurais trop engager nos jeunes camarades, grammairiens et littéraires, de la Sorbonne, de l'École Normale, des Universités provinciales, s'ils ne reculent pas devant un séjour un peu prolongé aux États-Unis, à s'y préparer par une pratique assidue de l'anglais.

Gardons-nous, d'ailleurs, de toute illusion et de toute vanité. Ne parlons pas d'influence, mais de concours. Ne pensons pas qu'il s'agisse de franciser l'Amérique du Nord, de faire aux États-Unis ce que l'Italie a fait chez nous au xvi° siècle, ce que la France a fait en Allemagne, en Russie, en Suède au xviii° siècle. Il ne s'agit pas d'établir l'empire de notre langue, de notre goût et de nos mœurs.

Les temps sont changés, les circonstances ne sont plus les mêmes. Nous avons affaire à un grand peuple qui se connaît, qui s'estime : il s'agit de l'aider à atteindre son idéal, à se faire ce qu'il veut être, selon la conception qu'il a de son caractère et de sa destinée. C'est à une œuvre désintéressée de civilisation qu'on nous convie. Acceptons loyalement et simplement le marché qu'on nous offre. Travaillons, comme tout bon maître doit faire, à nous rendre inutiles : plus d'ailleurs nous mettrons de dévouement à préparer le moment où l'on pourra se passer de nous, plus, soyons-en sûrs, reculera l'heure où l'on voudra s'en séparer.

Nous trouverons aussi notre bénéfice à resserrer et multiplier les relations entre les deux pays. Sans mettre le pied sur le terrain économique et industriel où je me sens tout à fait incompétent, et en laissant à M. Leclerc de Pulligny le soin de nous apprendre ce que la mission d'ingénieurs dont il est le chef peut tirer d'un séjour aux

États-Unis, je vois, je devine, dans les Facultés de philosophie et dans les bibliothèques, bien des leçons à recueillir pour nous. Pour l'organisation et l'outillage de l'enseignement, pour le renouvellement hardi du matériel et des méthodes, pour l'art de dépenser utilement, sans ladrerie et sans gaspillage, pour l'art de porter hommes et choses au maximum de rendement, pour le dosage et la répartition de l'autorité et de la liberté, pour l'art d'honorer le passé sans en gêner le présent, les États-Unis peuvent nous donner d'utiles conseils et d'excellents modèles.

Plus d'un maître aussi peut nous offrir des livres bons à lire, des cours bons à entendre. Nos étudiants auront avantage à écouter d'autres voix que les nôtres, pour leur découvrir d'autres méthodes, mais aussi parfois pour leur recommander les mêmes.

Outre le mérite très distingué ou réellement supérieur de certains hommes (nous en avons reçu plusieurs parmi nous en ces derniers temps), bien des questions, si passionnément agitées chez nous qu'il y a des moments où l'on n'y voit plus rien — questions littéraires et questions pédagogiques —, se clarifient à les regarder dans l'atmosphère rassérénée d'un enseignement étranger : sur le xviii° siècle, sur le romantisme, sur les méthodes de l'histoire et de la critique littéraire, il y a pour nous un profit certain à recueillir les conclusions éclairées et impartiales des professeurs américains.

Mais le gain le plus considérable d'un commerce étroit avec l'élite universitaire des États-Unis, serait de nous déshabituer de certaines polémiques où nous nous complaisons, de nous détromper de certaines antinomies verbales que nous aimons à faire sonner. Où nous promulguons des incompatibilités, là-bas on cherche l'accord. On ne fait pas consister l'idéalisme à excommunier l'utilitarisme ; mais on s'efforce d'insinuer de l'idéalisme dans les esprits utilitaires. On fait leur place et leur part aux

intérêts matériels de la nation et des individus : mais on se rappelle qu'il y a d'autres
intérêts, qui ne sont pas moins vitaux, pour
les individus comme pour la nation. On ne
s'en va pas en guerre contre les nécessités
invincibles de la civilisation moderne; mais
on tâche, en s'y pliant, d'y acclimater la
fine culture intellectuelle et la haute culture
morale. Un idéalisme sans chimère, un utilitarisme sans bassesse, une large vue, distincte et synthétique, de tous les besoins de
l'humanité actuelle, avec un jugement sain
des valeurs relatives et une appréciation
fine des possibilités, une énergie positive
qui préfère un peu de bien réalisé à beaucoup de bien prêché, voilà ce que le commerce de l'élite américaine peut nous recommander. Spéculativement, ce ne sont pas
là peut-être des idées très nouvelles pour
nous : mais c'est autre chose de concevoir
les idées, autre chose de les voir exister
et vivre quelque part.

Il n'y a peut-être pas dans le monde deux
nations qui présentent à la fois tant de

différences et tant d'affinités que la leur et la nôtre. Assez d'affinités pour rendre le commerce aisé, assez de différences pour rendre le commerce utile. Analogie des institutions, communauté de grands et de chers souvenirs, aucun héritage historique de haine et de division, aucun conflit sérieux d'intérêts, aucun antagonisme de croyances et de traditions : tout ce qui peut créer la sympathie entre deux peuples, se rencontre ici. Dans la vie sociale, économique, intellectuelle, le développement des deux nations a été tel que, dans bien des cas, chacune a ce qui manque à l'autre, et doit, pour faire des progrès, acquérir ce que l'autre possède : de sorte que, souvent, c'est en marchant en sens opposé l'une vers l'autre qu'elles atteindront le point heureux de l'équilibre parfait. Et dans ce mouvement, chacune profitera des exemples, des expériences, des mécomptes même comme des réussites de l'autre.

VIII

QUELQUES MOTS SUR L'ÉTUDE
DE LA LANGUE FRANÇAISE
AUX ÉTATS-UNIS

VIII

QUELQUES MOTS SUR L'ÉTUDE
DE LA LANGUE FRANÇAISE AUX ÉTATS-UNIS

Il ne faut pas que la sympathie évidente de l'élite intellectuelle nous fasse illusion. Nous n'avons pas partie gagnée, et l'œuvre qui reste à faire est immense : elle ne doit pas nous effrayer, mais il ne faut pas nous la cacher.

On me dit que dans les Universités et collèges de l'Est le français est la langue étrangère vivante la plus cultivée : après lui, dans tel collège de jeunes filles, vient l'italien, pour chanter.

Mais dans l'Ouest et le Far-West, les choses changent. Les préjugés puritains s'unissant au gallophobisme allemand, il y a eu, m'a-t-on dit, des collèges de jeunes filles où les élèves excitées ont menacé de partir en masse, si les livres français, romans, poésies, théâtre, toute cette littérature « immorale », n'étaient pas retirés des bibliothèques.

Même dans l'Est, à Wellesley College, il y a dans la bibliothèque un coin de la grande salle, séparé du reste, où l'on ne vient que pour se reposer, se récréer l'esprit par la lecture. Pas de livres de travail; rien que des chefs-d'œuvre, pour la jouissance esthétique. Hé bien! croirait-on que dans ce collège où les études françaises sont si florissantes et si bien organisées, parmi les chefs-d'œuvre de toutes les littératures humaines, on n'a pas placé un seul livre français ? Je me trompe : il y a un roman de Balzac traduit en anglais.

Un professeur français de Boston, M. E.-M. Lebert, m'a envoyé des tableaux extraits des documents officiels[1] sur l'état de l'enseignement du français et de l'alle-

1. Report of the Commissioneer of Education for the year ended June 3o, 1910 t. II, Washington, 1910.

mand dans les *high schools* des États-Unis :
c'est instructif et navrant.

Il est utile qu'en France on connaisse ces
choses : je vais reproduire ici les tableaux
de M. Lebert. Les commentaires qui les
éclairent sont extraits des lettres dont il les
avait accompagnés : je ne ferai bien souvent que reproduire ses termes [1].

Le tableau I présente :

a) Les chiffres de la population des États-
Unis ;

b) Le nombre des élèves de l'enseignement secondaire (*high schools*) dans chaque
État ;

c et *d*) Le nombre des élèves étudiant le
français, avec le pourcentage par rapport
au nombre total des élèves ;

e et *f*) Le nombre des élèves étudiant
l'allemand, avec le pourcentage.

Tous les chiffres portent sur l'année 1910

1. Tout le mérite de ce travail précis et suggestif appartient donc à M. Lebert ; je lui exprime toute ma gratitude,
et l'on me permettra d'ajouter, la gratitude de tous les
Français qu'intéresse l'expansion de la langue et de la culture nationales.

et sont fournis par les tableaux 1, 152, 153 et 154 (pp. 669, 1196, 1197, 1198) du Rapport de la Commission d'Éducation.

Le tableau II a pour but d'offrir une représentation simplifiée du rapport des élèves étudiant le français aux élèves étudiant l'allemand dans les différents États. Le nombre relatif au français est le numérateur, le dénominateur désigne l'allemand. Ces chiffres sont des approximations : ainsi dans le Maine, il y a 4324 élèves pour le français et 867 pour l'allemand : l'expression sera $\frac{5}{1}$. Ce procédé est d'ailleurs assez grossier : il n'indique pas l'extension de l'étude de chaque langue, mais seulement le rapport de deux langues. Des rapports égaux et inverses ne se balancent pas. Ainsi le rapport $\frac{29}{1}$ de la Louisiane ne compense qu'en apparence le rapport $\frac{1}{33}$ de l'Indiana, puisque l'excédent réel du français sur l'allemand en Louisiane est de 881 élèves, et celui de l'allemand sur le français en Indiana, de 6.203.

Le tableau III (A) donne les statistiques comparées de l'allemand et du français dans les États de l'ancienne Louisiane. Les faits sont attristants. On y voit que dans ce pays qui fut nôtre, que nos compatriotes ont ouvert à la civilisation, le français est six fois moins étudié que l'allemand.

5 389 élèves étudient le français dans 146 écoles secondaires, tandis que 31 669 élèves étudient l'allemand dans 960 écoles.

Le même tableau (B, C, D) fournit une comparaison pareille pour les principaux États, avec des totaux et moyennes générales pour les grandes régions des États-Unis. Nous sommes à 3,5 contre 5, et 1 contre 7,5 dans le centre (sud et nord), à 2 contre 5 dans l'ouest. Même dans la région de l'Atlantique nous sommes inférieurs, avec 7 contre 8,5 dans le nord et 1 contre 1,5 dans le sud. Il n'y a pas une région où nous l'emportions, pas une où nous arrivions à égalité!

Le tableau IV fait apparaître le rapport du nombre des élèves étudiant le français

ou l'allemand en 1909-1910, aux chiffres de
1899-1900 et 1904-1905, pour les écoles publiques seulement. « On n'a pas publié, que
je sache, écrit M. Lebert, de statistiques
détaillées (par État), qui donnent les totaux
et les pourcentages pour toutes les écoles
publiques et libres. Les seuls chiffres que
j'aie trouvés se rapportent aux écoles publiques. » Le résultat, ici encore, n'est pas
favorable à notre langue. Le chiffre donné
dans la dernière colonne de ce tableau,
indique une augmentation quand il est marqué du signe +, une baisse quand il est
marqué du signe —. Ce chiffre exprime le
rapport du nombre d'élèves gagnés ou
perdus en 1909-10, au nombre des élèves
de 1899-1900; ainsi dans le Maine, les
1 698 élèves de 1899-1900, augmentés de
110 pour 100 donnent approximativement le
nombre présent en 1909-1910. Inversement,
pour le district de Columbia, en sous-
trayant des 608 élèves de 1899-1900 une
perte de 50 pour 100, on a approximativement le nombre de 1909-1910.

Le tableau V permet de saisir les progrès relatifs du français et de l'allemand dans l'ensemble des écoles secondaires (A), dans les écoles libres (B) et dans les seules écoles publiques (C), de 1890 à 1910. Les écoles publiques renferment presque les $\frac{9}{10}$ de la population totale des *high schools*. Les chiffres manquent pour 1906-1909, n'étant pas donnés par les statistiques de 1910.

Le résultat accusé par ce tableau est que de 1890 à 1910, le français a gagné un peu plus de 2 pour 100, tandis que l'allemand dans la même période gagnait un peu plus de 12 pour 100. Nous avons passé de 9,41 pour 100 à 11,70 pour 100, tandis que l'allemand montait de 11,48 pour 100 à 23,60 pour 100.

Mais une remarque s'impose. Ce sont les Canadiens français, nombreux dans les cinq États du Nord-Est (Maine, Vermont, New-Hampshire, Massachusetts et Rhode Island) qui y font pour une grande part notre supériorité. « Ces cinq États dit

M. Lebert, dont la superficie totale équivaut à peine à celle d'un seul État du centre, et dont la population totale est inférieure à celle du seul État de New-York, relèvent de plus de 3 pour 100 la moyenne générale du français. Si on les défalque, on remarque que dans le reste de l'Union, il y a

1 431 écoles secondaires, où le français est enseigné à. . . . .   58 760 élèves.
et 3 892 écoles secondaires où l'allemand est enseigné à . . . .   177 604 élèves.

« Ce qui indique que dans plus de la moitié des écoles secondaires, l'allemand seul est inscrit aux programmes.

« Et ces cinq États déduits, notre moyenne générale s'abaisse à 8 pour 100, tandis que celle de l'allemand monte à 24,09 pour 100. »

Si maintenant je passe des statistiques de M. Lebert à mes impressions, évidemment le français est peu su, peu parlé aux États-Unis. En beaucoup d'endroits on peut vivre dix ans sans voir un Français, sans avoir occasion de parler français. J'ai fréquenté la partie de la société où le français est le plus répandu : combien ai-je rencontré de professeurs, de lettrés, qui me disaient qu'ils avaient très bien parlé notre langue il y a cinq ans, il y a dix ans, il y a vingt ans, mais que le manque d'occasions en leur pays les avait rouillés ! Beaucoup, par profession ou par goût, s'entretenaient à l'aide de livres : mais l'habitude d'une langue vivante est bien précaire, quand elle n'est pas soutenue par la facilité orale. J'ai été accueilli avec une cordialité charmante, dans toutes les villes où j'ai passé : combien y a-t-il de maisons américaines où l'on ait parlé français toute la soirée? J'en puis, je crois, compter deux, trois au plus.

Je ne présente pas ces tableaux et ces remarques pour nous décourager, mais pour nous garder des molles illusions et pour exciter notre énergie. Nous avons l'élite, du moins une bonne et belle partie de l'élite, gardons-la; grossissons-la. Ne négligeons pas d'encourager, de soutenir les maîtres primaires et secondaires. Mais attachons-nous surtout à conserver ou à conquérir les Universités et Collèges. Ils nous donneront peu à peu le reste. Car c'est là que se forment les maîtres futurs des *high schools*; c'est là que se forme l'esprit qui descendra à tous les degrés de l'enseignement.

Le moment est bon pour nous.

D'abord, le grand souvenir de la guerre de l'Indépendance plaide pour nous. Vivace au cœur de l'élite, il n'est pas éteint dans l'âme de la foule. Chaque fils d'immigrant le trouve à l'école, dans le petit dépôt du passé national qui lui est transmis et qui fait de lui un citoyen de l'Union, et de ce pays, sa patrie. Je n'ai assisté à aucune réunion, officielle ou privée, où, dans un speech ou un toast, Lafayette et Rochambeau n'aient été évoqués avec une sincérité chaleureuse. M. Jusserand, notre ambassadeur, conte volontiers, avec sa verve pittoresque, comment, au cours de ses voyages dans l'Ouest, il a trouvé des gens du peuple, un graisseur d'essieux, pour lui parler de Lafayette.

Puis, depuis le mois de juillet 1911, l'attitude de la nation française, dans les difficiles négociations qui ont suivi le coup d'Agadir, nous a fait gagner beaucoup dans l'estime d'un peuple qui apprécie la fierté et le courage, et qui s'y connaît.

Certainement, on ne demande qu'à nous connaître davantage. On est curieux de nous, d'une curiosité souvent déjà sympathique, ou qui pourra le devenir. Alors que je n'ai eu à répéter plus de trois fois aucune de mes conférences littéraires, la conférence que j'avais inscrite sur mon programme sous le titre : *La France d'aujourd'hui*, m'a été demandée sept fois.

Tout se tient. Les envoyés de l'Université de Paris ont bénéficié de la bonne impression que faisaient la sagesse politique et la dignité calme de notre peuple ; et si nous savons faire durer cette impression, la renouveler dans les occasions futures, la cause de la langue et de la culture françaises en sera puissamment aidée.

Une barrière que les événements récents n'ont pas contribué à abaisser, sépare le Canada et les États-Unis. Cependant les deux nations sont voisines, les rapports multiples et intimes. Il n'est pas indifférent à nos relations avec l'Amérique du Nord qu'il y ait là un noyau considérable de population dont le français est la langue naturelle. Il n'y a, avec Paris, que Lyon, Marseille et Bordeaux qui soient de plus grandes villes françaises que Montréal.

Nous n'avons aucune œuvre politique à faire au Canada. La question a été réglée au xviii° siècle, tristement pour nous, mais définitivement.

Toutefois, sujets loyaux de la couronne d'Angleterre, les Canadiens demeurent français de langue, et ouverts à la culture française.

Sans doute, une divergence profonde sépare la majorité des Canadiens français de la majorité des Français de France. Ils sont catholiques, dociles à l'autorité d'un clergé qui contrôle sévèrement la pensée et qui craint pour ses ouailles le contact de la France moderne, de la France de la Révolution, libérale, anticléricale, antireligieuse, disent-ils, et persécutrice, spoliatrice de l'Église. La France qu'ils aimaient est morte en 1789.

Mais il y a pourtant encore des catholiques en France au temps où nous vivons, et par eux, longtemps par eux seuls, s'est maintenue la communication avec les Canadiens français. De nos Facultés catholiques, sont venus des professeurs, et des Universités de l'État, des grandes revues et de la presse conservatrice, des conférenciers de talent que l'épiscopat canadien a autorisé ou invité même ses fidèles à entendre : l'Université Laval leur a ouvert ses salles. Je me suis laissé dire que si quelques-uns, transportant là-bas nos passions de parti, ont décrié avec une effusion très applaudie la Révolution et la France contemporaine, il est d'autres orateurs, pourvus chez nous d'un solide renom d'orthodoxie catholique, qui ont donné quelque inquiétude à M. l'Archevêque de Montréal, par leur hardiesse littéraire ou par leur indépendance artistique. On m'affirme que notre clergé en bloc est un peu suspect de libéralisme, de modernisme, etc., etc.

Néanmoins notre France a toujours, par sa minorité catholique, une prise sur le Canada. Souhaitons qu'elle la conserve, et donnons toute notre sympathie, notre concours même, s'il se peut, à ces efforts dont profite la cause nationale.

Mais voyons si nous ne pouvons avoir prise encore d'un autre côté. Quoique la masse du peuple des Canadiens français soit toujours soumise à son clergé, il s'est formé peu à peu un noyau de bourgeoisie libérale qui ne craint pas les idées modernes, qui ne hait pas la vie moderne : gens modérés, cultivés, curieux, qui ont besoin de liberté intellectuelle. On les appelle là-bas des francs-maçons. Imaginez quels francs-maçons : francs-maçons de la couleur de M. Ribot et de M. Faguet !

C'est ce groupe, dont l'influence sociale ira croissant, qui appelle les visites des Universités françaises. Ils ne veulent point une prédication de secte, pas plus jacobine, syndicaliste, ni matérialiste que monarchiste, capitaliste, ou chrétienne : ce qu'ils demandent, c'est un exercice de libre intelligence, sans hostilité haineuse, sans polémique sournoise, un enseignement impartial, indépendant et critique, qui, respectant toutes les consciences sans s'asservir à aucun dogme, appliquant à chaque sujet d'études la méthode qui lui convient, n'ait pour but que la vérité, y aille sans impatience et sans timidité. Ils croient que nous pouvons satisfaire à leur besoin, puisque leur idéal est précisément celui qui guide la pratique de nos Universités d'État.

Et peut-être le terrain serait-il bon, l'instant propice pour l'établissement à Montréal d'un centre de hautes études françaises qui, fortement organisé, bien outillé, prospérerait aisément sur ce sol français, en communication immédiate et constante avec un parler français populaire et natif. Et peut-être même y aurait-il là un jour un point d'appui pour les installations forcément plus légères, moins complètes et comme « volantes » que nous pouvons faire aux États-Unis.

TABLEAUX

DRESSÉS PAR M. LEBERT

I. — STATISTIQUES DE L'ÉDUCATION SECONDAIRE

Nombre des élèves étudiant le français et l'allemand, mis en regard des chiffres de la population et du nombre des élèves de l'enseignement secondaire.

		a) Population en 1910	b) Nombre d'élèves	Élèves étudiant le français.		Élèves étudiant l'allemand.	
				c) Nombre	d) Moyenne sur 100	e) Nombre	f) Moyenne sur 100
North Atl. Div.	Maine	742.371	10.038	4.342	(43,26)	867	(8,64)
	New Hampshire	430.572	5.942	2.917	(49,09)	572	(9,63)
	Vermont	355.956	4.926	1.635	(33,19)	702	(14,25)
	Massachusetts	3.366.416	54.119	25.253	(46,66)	10.936	(20,21)
	Rhode Island	542.610	5.919	2.759	(46,61)	1.252	(21,15)
	Connecticut	1.114.756	12.798	3.641	(28,45)	3.766	(29,43)
	New-York	9.113.614	102.629	20.461	(19,94)	39.086	(38,08)
	New-Jersey	2.537.167	23.654	3.794	(16,04)	9.767	(41,29)
	Pennsylvania	7.665.111	64.820	5.183	(8,00)	20.069	(30,96)
	Totaux	25.868.573	284.845	69.985	(24,57)	87.017	(30,55)
South Atl. Div.	Delaware	202.322	634	31	(4,89)	119	(18,77)
	Maryland	1.295.346	8.621	968	(11,23)	2.751	(31,91)
	Dist. of Columbia	331.069	3.829	700	(18,28)	1.455	(38,00)
	Virginia	2.061.612	11.556	1.430	(12,37)	1.627	(14,08)
	West Virginia	1.221.119	4.199	239	(5,69)	656	(15,62)
	N. Carolina	2.206.287	10.369	663	(6,39)	405	(3,91)
	S. Carolina	1.515.400	4.938	397	(8,04)	17	(0,34)
	Georgia	2.609.121	10.356	820	(7,92)	333	(3,22)
	Florida	752.619	2.628	140	(5,33)	137	(5,21)
	Totaux	12.194.895	57.130	5.388	(9,43)	7.500	(13,13)
South Cent. Div.	Kentucky	2.289.905	10.191	687	(6,74)	2.794	(27,42)
	Tennessee	2.184.789	9.908	725	(7,32)	630	(6,26)
	Alabama	2.138.093	7.038	599	(8,51)	307	(5,64)
	Mississipi	1.797.114	5.547	173	(3,12)	94	(1,69)
	Texas	[illegible]	[illegible]	[illegible]	[illegible]	[illegible]	[illegible]
	Arkansas	1.574.449	5.007	101	(2,02)	323	(6,45)
	Oklahoma	1.657.155	7.256	130	(1,79)	993	(13,69)
	Totaux	16.832.288	72.980	3.695	(5,06)	7.337	(10,05)
North Central Division	Ohio	4.767.121	51.981	1.870	(3,60)	13.093	(25,19)
	Indiana	2.700.876	32.049	193	(0,60)	6.306	(19,96)
	Illinois	5.638.591	54.594	2.954	(5,41)	13.537	(24,89)
	Michigan	2.810.173	31.504	1.296	(4,11)	7.978	(25,32)
	Wisconsin	2.333.860	27.046	410	(1,52)	8.289	(30,65)
	Minnesota	2.075.708	25.116	1.377	(5,48)	8.084	(32,19)
	Iowa	2.224.771	29.502	243	(0,82)	5.000	(16,95)
	Missouri	3.293.335	30.015	1.656	(5,52)	5.502	(18,33)
	N. Dakota	577.056	3.579	29	(0,81)	700	(19,56)
	S. Dakota	583.888	4.506	66	(1,46)	1.161	(25,77)
	Nebraska	1.192.214	16.211	156	(0,96)	2.681	(16,54)
	Kansas	1.690.949	19.625	133	(0,68)	3.350	(17,07)
	Totaux	22.888.542	325.728	10.383	(3,19)	75.821	(23,28)
Western Division	Montana	376.053	2.921	75	(2,57)	613	(20,99)
	Wyoming	145.965	1.051	0	(0)	172	(16,37)
	Colorado	799.024	9.612	511	(5,32)	3.059	(31,82)
	New-Mexico	327.301	1.442	25	(1,73)	92	(6,38)
	Arizona	204.354	983	10	(1,02)	56	(5,70)
	Utah	373.351	5.092	385	(7,56)	921	(18,09)
	Nevada	81.875	400	12	(3,00)	83	(20,75)
	Idaho	325.594	2.380	34	(1,43)	456	(19,16)
	Washington	1.141.990	14.839	1.305	(8,79)	3.290	(22,17)
	Oregon	672.765	7.889	166	(2,10)	1.373	(17,40)
	California	2.377.549	30.361	3.697	(12,18)	5.143	(16,94)
	Totaux	6.825.821	76.970	6.220	(8,08)	15.258	(19,82)
	Totaux gén. pour les Etats-Unis	91.972.266	817.653	95.671	(11,70)	192.933	(23,60)

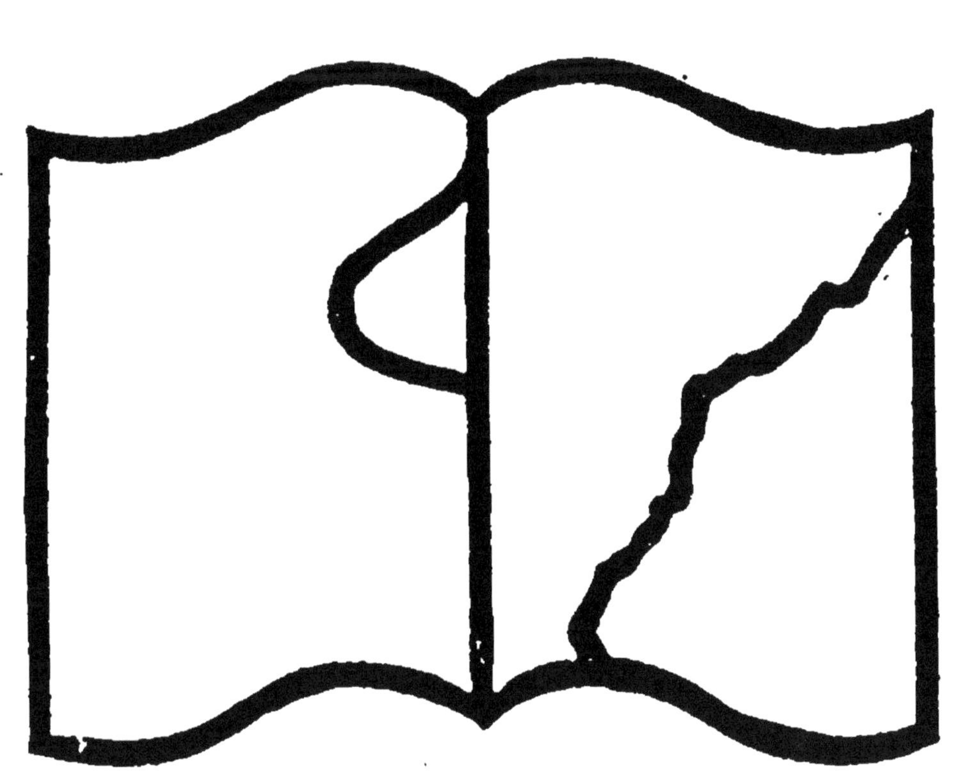

Texte détérioré — reliure défectueuse

NF Z 43-120-11

II. — RAPPORT APPROXIMATIF DU NOMBRE D'ÉLÈVES ÉTUDIANT LE FRANÇAIS AU NOMBRE D'ÉLÈVES ÉTUDIANT L'ALLEMAND DANS LES ÉCOLES SECONDAIRES

Le numérateur de la fraction exprime le nombre d'élèves qui étudient le français ; le dénominateur, le nombre de ceux qui étudient l'allemand.

North Atlantic Division.

Maine. $\frac{5}{1}$	Massachusetts $\frac{2,5}{1}$	New-York. $\frac{1}{2}$
Vermont $\frac{2}{1}$	Connecticut. $\frac{1}{1}$	New-Jersey. $\frac{1}{2,5}$
New Hampshire. $\frac{5}{1}$	Rhode Island $\frac{1}{2}$	Pensylvania. $\frac{1}{4}$

South Atlantic Division.

Delaware. $\frac{1}{4}$	Virginia $\frac{7}{8}$	South Carolina. $\frac{25}{1}$
Maryland. $\frac{1}{2,5}$	West Virginia. $\frac{1}{3}$	Georgia. $\frac{2,5}{1}$
District of Columbia. $\frac{1}{2}$	North Carolina $\frac{1,5}{1}$	Florida. $\frac{1}{1}$

North Central Division.

Ohio $\frac{1}{2}$	Illinois. $\frac{1}{4,5}$	*North Dakota.* $\frac{1}{16,5}$
Indiana. $\frac{1}{33}$	*Minnesota.* $\frac{1}{6}$	*South Dakota* $\frac{1}{18}$
Michigan. $\frac{1}{6}$	*Iowa* $\frac{1}{20}$	*Nebraska* $\frac{1}{17}$
Wisconsin. $\frac{1}{20}$	*Missouri* $\frac{1}{3,5}$	*Kansas* $\frac{1}{25}$

South Central Division.

Kentucky. $\frac{1}{4}$	Mississipi. $\frac{2}{1}$	Oklahoma $\frac{1}{7,5}$
Tennessee. $\frac{1,2}{1}$	*Arkansas.* $\frac{1}{3}$	Texas. $\frac{1}{5,5}$
Alabama $\frac{1,5}{1}$	*Louisiana.* $\frac{29}{1}$	

Western Division.

Montana $\frac{1}{8}$	Idaho. $\frac{1}{13}$	Washington. $\frac{1}{2,5}$
Wyoming. $\frac{0}{172}$	Utah. $\frac{1}{2,5}$	Oregon. $\frac{1}{8}$
Colorado $\frac{1}{6}$	Arizona. $\frac{1}{5,5}$	California $\frac{1}{1,5}$
New-Mexico. $\frac{1}{4}$	Nevada. $\frac{1}{7}$	

Les noms d'États *en italiques* dans les trois dernières divisions représentent le territoire de l'ancienne Louisiane Française. Les Trois États de la Western division n'y étaient pas tout entiers compris, mais pour la plus grande partie de leur territoire.

III. — STATISTIQUES COMPARÉES DE L'ÉTUDE DU FRANÇAIS ET DE L'ALLEMAND EN 1910

	NOMBRE d'écoles où l'on enseigne le français.	NOMBRE d'élèves qui l'étudient.	MOYENNE sur 100 élèves fréquentant ces écoles.	NOMBRE d'écoles où l'on enseigne l'allemand.	NOMBRE d'élèves qui l'étudient.	MOYENNE sur 100 élèves fréquentant ces écoles.
A) Dans les États de l'ancienne Louisiane française.						
Louisiana	20	912	21,18	6	31	0,72
Arkansas	10	101	2,02	17	323	6,45
Oklahoma	7	130	1,79	35	993	13,69
Missouri	33	1.656	5,52	110	5.502	18,33
Kansas	12	133	0,68	128	3.350	17,07
Colorado	7	511	5,32	64	3.059	31,82
Wyoming				9	172	16,37
Montana	7	75	2,57	30	613	20,99
N. Dakota	6	29	0,81	50	700	19,56
S. Dakota	7	66	1,46	61	1.161	25,77
Nebraska	3	156	0,96	98	2.681	16,54
Minnesota	23	1.377	5,48	168	8.084	32,19
Iowa	11	243	0,82	184	5.000	16,95
Totaux	146	5.389		960	31.669	
B) Dans les grands États du centre des États-Unis (1910).						
Ohio	49	1.870	3,60	274	13.093	25,19
Illinois	62	2.904	5,41	236	13.587	24,89
Michigan	34	1.296	4,11	181	7.978	25,32
Indiana	10	193	0,60	131	6.396	19,96
C) Dans les principaux États de l'Est (North Atlantic).						
New-York	341	20.461	19,94	588	39 086	38,08
New-Jersey	71	3.794	16,04	158	9.767	41,29
Pennsylvania	101	5.183	8	325	20.069	30,96
Massachusetts	256	25.253	46,66	209	10.936	20,21
D) Dans les principaux États de l'Ouest.						
California	83	3.697	12,18	151	5.143	16,94
Washington	19	1.305	8,79	91	3.290	22,17
Totaux et moyennes générales par régions des États-Unis.						
North Atlantic	1.134	69.985	24,57	1.482	87.017	30,55
South Atlantic	261	5.388	9,43	225	7.500	13,13
South Central	165	3.695	5,06	273	7.337	10,05
North Central	268	10.383	3,19	1.816	75.821	23,28
West	140	6.220	8,08	446	15.258	19,82
Totaux pour les États-Unis	1.968	95.671	11,70	4.242	192.933	23,60

IV. — ÉCOLES SECONDAIRES PUBLIQUES

Mouvement du nombre des élèves étudiant l'allemand et le français depuis 1899-1900.

		1899-1900	1904-5	1909-10	AUGMENTATION ou baisse en 10 ans.	
Maine.	F	1 698	3 691	3 493	+ 110 pour 100.	
	A	125	679	678	+ 440	—
Massachusetts.	F	14 361	18 756	22 395	+ 50	—
	A	4 202	7 858	9 477	+ 120	—
New-York.	F	6 811	12 327	15 469	+ 130	—
	A	14 576	29 347	36 458	+ 150	—
Pennsylvania.	F	943	2 560	3 320	+ 260	—
	A	5 460	12 502	17 738	+ 250	—
District of Columbia.	F	608	250	295	— 50	—
	A	640	938	1 287	+ 100	—
Kentucky.	F	195	440	431	+ 120	—
	A	964	918	2 292	+ 130	—
Tennessee.	F	114	52	308	+ 180	—
	A	119	136	219	+ 80	—
Louisiana.	F	1 162	1 079	604	— 48	—
	A	0	14	25	+ de 0 à 25	
Texas.	F	[illegible]	[illegible]	[illegible]	+ 1[illegible]0 pour 100.	
	A	641	1 137	1 620	+ 130	—
Ohio.	F	1 007	1 609	1 289	+ 29	—
	A	5 792	10 111	12 307	+ 110	—
Indiana.	F	220	326	54	— 75	—
	A	3 279	7 019	5 968	+ 80	—
Illinois.	F	1 930	3 124	2 048	+ 6	—
	A	6 068	10 280	12 735	+ 110	—
Michigan.	F	1 005	1 277	951	— 5	—
	A	4 506	6 633	7 741	+ 70	—
Wisconsin.	F	36	.....	214	+ 500	—
	A	4 928	6 423	7 631	+ 60	—
Minnesota.	F	785	1 189	947	+ 20	—
	A	2 341	5 096	7 543	+ 220	—
Iowa.	F	142	188	219	+ 50	—
	A	2 745	5 083	4 572	+ 60	—
Missouri.	F	589	1 294	1 280	+ 120	—
	A	2 856	4 011	5 091	+ 80	—
Washington.	F	124	423	1 196	+ 900	—
	A	347	1 371	3 197	+ 810	—
California.	F	974	1 827	2 745	+ 200	—
	A	1 116	3 582	4 732	+ 330	—

En 1910 l'allemand n'est en baisse dans aucun État par rapport à 1899-1900 ;
En 1910 le français est en baisse dans 4 États par rapport à 1899-1900 ;
En 1910 l'allemand est en baisse dans 2 États par rapport à 1904-1905 ;
En 1910 le français est en baisse dans 7 États par rapport à 1904-1905.

V. — PROGRÈS DE L'ÉTUDE DU FRANÇAIS ET DE L'ALLEMAND DANS LES ÉCOLES SECONDAIRES DEPUIS 1889-1890

Les nombres donnés représentent des moyennes pour cent élèves de l'ensemble des écoles secondaires (A), pour cent élèves des écoles secondaires libres (B), et pour cent élèves des écoles secondaires publiques (C).

(A)		(B)		(C)		
FRANÇAIS	ALLEMAND	FRANÇAIS	ALLEMAND	FRANÇAIS	ALLEMAND	
9,41	11,48	17,03	13,55	5,84	10,51	1889-90
9,06	15,68	16,30	15,10	5,70	15,92	1890-91
8,59	11,61	16,69	14,45	5,18	10,43	1891-92
9,94	13	18,47	15,63	6,42	11,92	1892-93
10,31	12,78	18,85	15,25	6,81	11,77	1893-94
9,77	12,58	19,38	16,07	6,52	11,40	1894-95
10,13	13,20	21,31	17,46	6,99	12	1895-96
9,98	13,76	21,83	18,84	6,86	12,42	1896-97
10,48	14,24	23,04	18,45	7,54	13,25	1897-98
10,68	14,91	23,15	19,04	7,94	14,01	1898-99
10,43	15,06	22,83	18,47	7,78	14,33	1899-1900
10,75	16,09	23,05	19,31	8,29	15.45	1900-01
11,13	16,94	24,39	20,33	8,61	16,25	1901-02
10,91	18,09	24,79	20,74	8,52	17,63	1902-03
11,15	18,98	24,94	20,74	8,91	18,69	1903-04
11,40	20,34	24,79	20,89	9,14	20,25	1904-05
11,12	21,04	27,27	21,64	8,85	20,96	1905-06
						1906-07
						1907-08
						1908-09
11,70	23,60	28,67	22,74	9,90	23,69	1909-10

APPENDICE

LA FRANCE D'AUJOURD'HUI[1]

Chaque fois que je suis allé chez un peuple étranger, j'ai éprouvé que la plus grande difficulté était de savoir ce qu'il fallait regarder, ce qu'il fallait retenir.

Il est difficile, lorsque l'on vient dans un pays pour la première fois, de débrouiller les impressions qu'on reçoit de toutes parts, de distinguer ce qui est caractéristique de ce qui est commun, ce qui est général de ce qui est accidentel.

J'ai donc cru qu'il ne serait pas inutile de proposer à des Américains quelques

1. Cette conférence faite pour l'Alliance Française à Pittsbourg (28 octobre 1911), à New-York (8 novembre), à Ann Arbor (1ᵉʳ décembre), à Détroit (2 décembre), à Newhaven, Yale University (7 décembre), à Ithaca, Cornell University (14 décembre), et pour l'Université Harvard, à Cambridge (17 novembre), a été publiée, dans la traduction anglaise de M. Paul Fuller, par *the North American Review* (Avril 1912).

idées générales sur la France. Je ne leur demande pas de me croire sur parole. Qu'ils veuillent bien prendre mon témoignage comme un avertissement, ou comme une hypothèse qu'ils vérifieront par leurs observations personnelles.

Je ne me flatte pas de parler de mon pays impartialement ; j'en parlerai du moins sincèrement et franchement comme on parle quelquefois avec des amis, en toute confiance, des qualités et des faiblesses d'une personne chérie.

La condition générale à laquelle est soumise notre vie nationale, c'est que la France est un vieux pays. Nous avons derrière nous neuf ou dix siècles de civilisation et d'activité intense dans toutes les directions. Cette antiquité a pour conséquence, d'abord, que notre progrès aujourd'hui paraît lent. Les nations plus jeunes marchent à plus grands pas ; elles croissent plus vite ; pour nous qui avons commencé il y a si longtemps à grandir, notre croissance, si elle n'est pas arrêtée, se ralentit.

Puis, nous avons une richesse et une culture anciennes ; il en résulte chez beaucoup d'entre nous une tendance, non pas au repos, mais à des formes d'activité désintéressée. La pression des besoins matériels n'est plus aussi forte que dans les pays neufs. Il y a chez nous un vif élan vers l'art, vers les professions intellectuelles, vers tous les emplois de l'activité qui paraissent nobles, parce que le but immédiat n'est pas d'y gagner de l'argent.

Enfin, nous nous sommes depuis des générations outillés pour toutes les besognes humaines ; mais depuis cinquante ou soixante ans, le monde a marché vite, et notre outillage a vieilli. Vous savez qu'il est plus difficile de renouveler un matériel usé ou démodé que de créer une entreprise nouvelle.

Outre cette condition générale qui enveloppe toute la vie française, trois grands événements ont dominé notre développement depuis quarante ans. C'est, en premier lieu, un événement de notre histoire intérieure, la journée du 4 septembre 1870, qui a installé chez nous le régime républicain ; en second lieu, un événement d'histoire européenne, qui nous a touchés très profondément, la guerre de 1870-1871 entre la France et l'Allemagne ; en troisième lieu, un fait mondial, le développement depuis un demi-siècle du socialisme.

Nous avons fait pendant ces quarante années un grand effort pour suffire à tout ce qu'exigeaient de nous ces conditions d'existence. Il a fallu pourvoir à la défense nationale et à la reconstitution de nos forces militaires. Il a fallu transformer nos institutions et les mettre d'accord tant avec les principes du régime républicain qu'avec les nouvelles circonstances économiques et sociales. Il a fallu entreprendre de transformer, pour le moderniser, l'outillage industriel et commercial de la France.

L'activité de notre nation s'est traduite d'abord d'une manière visible par le travail législatif de ces quarante dernières années. Je ne crois pas que, depuis l'œuvre de

Napoléon Ier, un pareil effort de réorganisation se rencontre dans notre histoire. Lois scolaires, d'abord, qui ont répandu l'enseignement primaire devenu obligatoire et gratuit, — qui ont créé l'enseignement secondaire des jeunes filles, — qui ont restauré notre enseignement supérieur de telle façon que nos universités rajeunies contribuent, pour une part chaque année plus considérable, à la production érudite ou scientifique de la France et du monde. Lois religieuses, dont je ne dirai qu'un mot: car le terrain est brûlant. Ces lois ont apporté dans la vie de l'Église Catholique de France la modification la plus considérable qu'on ait vue depuis quatre siècles. Ce n'est pas seulement le Concordat de Napoléon Ier qui a été aboli; mais l'Église a vu cesser brusquement un régime qu'elle subissait depuis François Ier, et, si par un malheur dont je ne veux pas chercher les auteurs responsables, elle a été appauvrie, elle a, d'autre part, recouvré une indépendance dont elle était privée depuis près de quatre cents ans.

Lois économiques et sociales ; transformation du régime douanier, établissement des
tarifs protecteurs ; toute une législation sur le
travail, protection des enfants et des femmes
employés dans les manufactures, retraites
et assurances ouvrières ; lois d'assistance ;
lois qui ont réglé la liberté d'association et
qui ont permis aux syndicats professionnels
de s'organiser. Lois militaires, étendant de
plus en plus complètement à tous les citoyens,
par la suppression successive de tous les
privilèges, l'obligation du service militaire ;
réorganisation du commandement, de l'état-
major et de tous les services de l'armée,
création d'un matériel de guerre, construction de forteresses, etc. Lois financières
enfin pour régler d'abord les frais qui résul-
taient directement ou indirectement de la
guerre désastreuse de 1870, et puis pour
suffire aux dépenses énormes qu'entraînaient
les lois nouvelles de tout ordre.

Ajoutez à tout cet effort la constitution
d'un grand empire colonial, d'un empire
tel que la France n'en avait pas eu depuis

l'époque où elle était maîtresse du Canada, de la Louisiane et de l'Inde. Comparez une carte du monde en 1870 avec une carte du monde actuel.

En 1870, que possédions-nous ? Outre notre Algérie, nous avions la médiocre possession du Sénégal en Afrique ; nous avions en Amérique, la Guyane, deux ou trois îles des Antilles. Nous avions quelques îles de l'Océanie ; nous avions le territoire restreint de la Cochinchine avec le petit royaume protégé du Cambodge.

En 1911, la France coloniale se compose de presque toute l'immense péninsule de l'Indo-Chine, où l'Annam et le Tonkin se sont ajoutés à la Cochinchine et au Cambodge ; de la grande île de Madagascar ; des vastes territoires du Soudan et du Congo. Au nord de l'Afrique, notre Algérie est flanquée d'un côté de la Tunisie où le Bey s'est placé sous notre protectorat ; — de l'autre côté, du Maroc où nos droits et notre autorité sont maintenant reconnus.

Voilà l'œuvre considérable qui apparaît

tout d'abord ; et songez que ce travail s'est fait au milieu d'une lutte acharnée des partis.

Dans la violence de ces discordes, nous avons été deux ou trois fois, en ces trente dernières années, sur le point d'en venir à la guerre civile. Ce qui a prévenu ce malheur, ç'a été la douceur de mœurs d'un peuple où la civilisation est ancienne et a de profondes racines. Ç'a été aussi, surtout, le souvenir de la guerre civile de 1871 qui a suivi la guerre franco-allemande. La leçon de la Commune est restée présente dans tous les esprits de tous les partis ; elle a fait que les passions politiques, si effrénées qu'elles fussent, se sont contenues dans les limites de la légalité, ou d'une illégalité plus turbulente que sanglante.

A travers ces combats, le travail dont je vous ai présenté sommairement les résultats, s'est poursuivi ; et si j'y ai insisté, c'est que l'effort n'a pas été celui d'un gouvernement ou d'un parti, mais celui de toute la nation. Sur certains points sans doute, pour certaines lois, une partie des citoyens ont résisté tant qu'ils ont pu, et tel parti de gauche ou de droite a fait une opposition violente ; mais on peut dire qu'il n'y a pas un groupe qui n'ait, à bien des moments, et pour la meilleure part de cette tâche, collaboré avec le Gouvernement et la majorité. Dans l'ensemble, le travail, bon ou mauvais, a été celui de la nation.

Je ne vous en aurais pas entretenu s'il ne s'était agi que de formules destinées à être imprimées dans un journal officiel et ensevelies dans un code ; mais les lois dont je vous ai parlé sont sorties des préoccupations de la masse de notre peuple, et elles ont réglé d'une manière nouvelle l'exercice de son activité. C'est de la nation qu'est venue l'impulsion ; c'est elle qui a fourni à tous les gouvernements la force pour agir, et c'est elle qui a subi les effets de cette action. C'est donc la nation qu'il nous faut regarder et essayer de connaître.

Sans être injuste aux divers éléments

qui, successivement ou ensemble, ont travaillé à faire la France que nous voyons, que nous sommes, sans être injuste aux dynasties royales ou impériales, à la noblesse, au clergé, aux savants, aux marchands, nous pouvons dire que deux classes surtout ont construit notre France : les paysans et les légistes.

Nous sommes une nation de paysans, de paysans attachés à la terre, durs au travail, opiniâtres à l'épargne. Ils sont routiniers ; ils suivent l'expérience héréditaire ; ils aiment mieux opposer aux maux et aux déceptions la patience qui renouvelle l'effort, que la nouveauté qui change les formes traditionnelles de l'activité.

Ils ont traversé depuis trente ans des crises effroyables. Par deux fois les vignerons du Midi ont été ruinés ; ils ont crié beaucoup, parce qu'ils sont du Midi, mais ils ne se sont pas abandonnés ; ils ont refait leurs vignes détruites par le phylloxera ; ils ont lutté contre les conditions économiques qui, en ces dernières années, les empêchaient de vendre leur vin ; et deux fois, ils se sont relevés.

Les producteurs de blé n'ont pas crié si haut, ce n'est pas dans leur tempérament ; ils ont tiré leurs économies de leur bas de laine ; ils ont continué à remuer la terre et attendu de meilleurs jours.

Si routiniers que soient nos paysans, ils ne sont pas réfractaires au progrès quand ils l'ont compris ; mais comprendre, pour eux, ce n'est pas écouter des discours, des raisonnements, des mots : c'est voir.

Pasteur est venu installer ses expériences en plein pays agricole. Il a montré, pendant des semaines, comment, par une vaccination préventive, il défendait les moutons contre la piqûre de la mouche charbonneuse. Les fermiers de la Brie et de la Beauce sont venus, les mains sous leur blouse bleue, narquois, gouailleurs, incrédules, prêts à rire du Monsieur de Paris qui se vantait de supprimer ce qui avait toujours existé. Mais ils ont regardé, et, à la fin des expériences, ils n'ont pas résisté à l'évidence du fait ; en quelques années, il n'y avait plus un mouton en Beauce ou dans la Brie qui ne fût vacciné.

Sur cette masse de paysans s'est élevée une bourgeoisie de légistes. D'autres éléments se sont formés par la suite des temps dans la bourgeoisie ; mais l'élément fondamental, qui a donné son caractère à la classe, ce sont les légistes. Ces bourgeois sont laborieux comme le paysan, économes comme lui ; ils ont une intelligence claire, subtile, logique, exigeant partout la raison et l'ordre, l'ordre dans la société comme dans les idées.

Tous, paysans et bourgeois, ont l'esprit peut-être un peu étroit, un peu terre à terre ; leur bon sens, leur sens commun ne paraît pas aussi élevé que l'esprit imaginatif et passionné de certaines races. Ils ne sont pas du tout mystiques ; ils sont très peu poétiques. Ils ont besoin que leurs sentiments soient imprégnés d'intelligence, et deviennent, par la clarté de la conscience et par l'examen critique, des

idées de la raison. Ils ne sont pas dépourvus
d'idéalisme, mais leur idéalisme est raisonnable et pratique. Il consiste à étendre autant que possible le domaine de l'intelligence
et le respect de l'humanité. Il y a trois mots
qui ont toujours été puissants sur l'âme
française, et ces trois mots sont : VÉRITÉ,
ÉGALITÉ, JUSTICE.

Notre caractère national, en somme, est
une combinaison de routine et de hardiesse,
de docilité patiente et d'explosions révolu-
tionnaires. Pendant longtemps, nous obéis-
sons aux autorités et aux préjugés hérédi-
taires, tout en examinant, critiquant, raillant
même. Il faut, pour que nous décidions à
agir, que l'esprit ait acquis une évidence
entière, et qu'à la longue la persuasion ait
passé de l'esprit au cœur. Alors, le sentiment
du droit nous fournit de la force pour agir.
Le même peuple, qui longtemps avait plié,
tout d'un coup se cabre, devient incapable
de soumission ; et la révolution éclate.

Ce qui nous caractérise dans toute notre
histoire, c'est que le Français ne résiste pas

à ses maîtres par une fermeté journalière
et continue : il cède tout longtemps et reprend tout en un jour. Malheur aux régimes
qui attendent, pour se réformer, l'heure
où la patience de ce peuple facile est à bout !

Notre pays avait des mœurs, comme ses
lois, formées par de longs siècles de monarchie. Depuis quarante ans, il travaille à
s'adapter aux conditions de la liberté répu-
blicaine. La monarchie avait permis aux
mœurs mondaines et familiales de se développer, mais nous n'avions pas de mœurs
civiques.

Nous avions une vie mondaine intense et
charmante ; je n'ai pas besoin d'y insister ;
c'est ce que les étrangers connaissent le
mieux de nous ; et les qualités, les vertus
de l'honnête homme, de l'homme de bonne
compagnie, sont celles qu'on est le moins
tenté de nous contester : amabilité, poli-
tesse, bienséances, prévenances et égards
mutuels, effacement du « moi » pour ména·
ger le « moi » des autres, attention à se

gêner pour éviter d'incommoder autrui.

Nous avions aussi une vie de famille, une forte tradition de mœurs domestiques ; et cela, les étrangers, souvent, ont plus de mal à le reconnaître ; bien des choses les en empêchent. D'abord, il y a des pays dans lesquels l'éducation et les mœurs imposent une tenue sévère, une rigueur, et même un rigorisme extrême de langage et de manières. Il y a des pays où l'on n'estime rien tant que la respectabilité. Lorsque de ces pays, on vient visiter la France, on ne peut manquer d'être étonné et choqué. Le Français aime à rire ; il a l'esprit goguenard, malin, ironique ; il aime ce qu'on appelle la « blague » ; il a peur de paraître prêcheur ou moraliste. Il se moque des rigoristes, et il pousse parfois jusqu'au laisser-aller, au manque de tenue, au débraillé même, l'horreur des apparences austères. Depuis les plus anciens temps de notre littérature, le vice que les Français ont blâmé le plus âprement, dont ils ont donné les portraits les plus satiriques, c'est l'hypocrisie ; et l'on est toujours tenté chez nous d'interpréter l'étalage de sévérité comme un indice d'hypocrisie. Beaucoup de nos compatriotes qui ont l'esprit sérieux et la conscience ferme dissimulent leur caractère réel sous des apparences légères qui trompent les étrangers.

Notre littérature ne contribue pas à les éclairer. Je ne dis pas que le roman français ait constamment et de parti pris calomnié les mœurs françaises ; je ne serais pas embarrassé pour vous indiquer des œuvres où l'on en trouve une peinture vraie ; mais ce ne sont pas les œuvres les plus connues, les plus voyantes. Et les étrangers, faute d'avoir pénétré notre vie, ont une tendance à prendre les peintures les plus noires et qui les choquent le plus, pour les plus vraies.

En réalité, nos mœurs de famille sont bonnes. Les scandales que les journaux nous font trop connaître sont, chez nous comme en d'autres pays, des accidents et des exceptions. La vie de famille en France est régulière, intime et douce. L'enfant est choyé, gâté même si l'on veut, comme en d'autres pays. L'autorité des parents s'exerce moins impérieusement et moins sévèrement qu'autrefois ; l'enfant a souvent de bonne heure sa liberté de parole ; il se fait presque le camarade de ses parents, mais cette familiarité n'affaiblit pas, tout au contraire, le lien d'affection qui l'unit à eux.

Le signe de cette étroite union de l'enfant et des parents, c'est que l'internat, partout où les nécessités sociales le permettent, est en décroissance. Les grands lycées de Paris, qui comptaient autrefois une population considérable d'internes, n'en comptent plus aujourd'hui que très peu, et cependant le nombre total de leurs élèves a augmenté. Qu'est-ce à dire ? sinon que les communications étant devenues plus faciles entre les divers quartiers de Paris, les familles retiennent tant qu'elles peuvent leurs enfants chez elles, et ne les cèdent aux établissements publics que pour les heures du jour pendant lesquelles se donne l'instruction.

La femme française est très souvent l'associée, la conseillère, la collaboratrice du mari, la compagne des bons et des mauvais jours. Maint paysan ne ferait pas un marché, n'achèterait pas une vache, ou ne vendrait pas un veau sans l'avis de la « maîtresse », de la « bourgeoise », comme il dit. Et dans les autres classes, dans les professions industrielles, commerciales et même intellectuelles, il n'est pas rare de trouver des femmes qui, sans perdre de vue ni le ménage ni la vie mondaine, sont au courant du travail et des préoccupations du mari. Elles ne demandent pas à être tenues, et nous ne les tenons pas en dehors de nos soucis, de nos intérêts et de nos entreprises.

Le siège de Paris a montré à quel point cette Française, à tous les étages de la société, de l'ouvrière à la bourgeoise riche, peut, sous des apparences effacées d'humble ménagère ou sous des dehors légers de mondaine, être capable de fermeté, de patience, de sacrifice, d'héroïsme enfin. Avec quelle simplicité de belle humeur, et si fière au fond, a-t-elle alors supporté la faim, le froid, l'horreur d'un bombardement, donnant à la patrie, sans hésitation et sans emphase, plus que sa vie, la vie de son mari et la vie de ses fils ! Jamais un geste de faiblesse n'est venu d'elle.

En revanche, il faut bien l'avouer, la conscience sociale était demeurée très faible en France jusqu'à ces derniers temps. L'État était despotique; et son despotisme, parfois paternel, tenait l'individu dans une étroite tutelle.

Je n'ai pas l'intention de dire du mal de l'administration française; à certaines heures, elle a assuré la continuité de la vie nationale; c'est elle qui forme vraiment l'armature de notre société politique; et cette administration, au total, est laborieuse et probe. Il s'y rencontre un certain nombre d'hommes qui donnent leur dévoûment sans compter à la chose publique, et sous les agitations du monde politique, c'est par eux que tout subsiste et que tout marche.

Mais cette administration a ses défauts, ses travers, ses traditions. Elle est autoritaire ; elle est tracassière ; elle se croit le droit de disposer à tout moment de la personne et de régler à tout moment l'activité de tous les citoyens.

Dès qu'on met sur la tête d'un Français une casquette galonnée, fût-ce une casquette de garde-champêtre, il pense détenir un peu de la puissance de Louis XIV et de Napoléon ; il se croit un peu, dans sa petite sphère, leur successeur.

La contre-partie de la tutelle impérieuse qu'exerçait l'administration sur la nation, c'était l'esprit frondeur, l'esprit d'opposition. Le Français obéissait, mais il obéissait en grognant et en se moquant. De tous temps, donner des ridicules à ceux qui gouvernent a été la revanche des gouvernés et leur consolation en notre pays. Vous savez comme on avait défini l'ancien régime : « Une monarchie absolue tempérée par des chansons. »

Mais lorsque, par la fondation et l'affermissement du régime républicain, l'autorité a dû renoncer aux procédés de contrainte, qui, de tout temps, avaient été en usage, il a pu paraître quelquefois que la France allait se dissoudre; l'esprit d'opposition et d'indiscipline n'a plus rencontré d'obstacle. On a vu l'autorité successivement annulée dans toutes les mains qui la détenaient. Le Président de la République s'est vu mettre dans l'impossibilité d'user des droits que la Constitution lui donnait. Les ministres et les directeurs des grands services publics ont capitulé devant toutes les majorités du Parlement. Le Parlement a donné le plus beau spectacle d'anarchie qu'on pût rêver. La majorité se faisait et se défaisait sans cesse. Les vieilles habitudes d'opposition, dans le parti républicain, étaient si fortes que lorsque ce parti est arrivé au pouvoir, bon nombre de ses membres n'ont pas pu se transformer en hommes de gouvernement. Ils sont restés des hommes d'opposition. Membres de la majorité, ils ont fait opposition à leurs chefs;

membres d'un ministère, à leurs collègues. De là la défiance réciproque, les intrigues, les jalousies, les trahisons, l'émiettement des partis, les coalitions de rencontre.

Le député qui faisait trembler le ministre, s'agenouillait à son tour devant les électeurs et les comités de son arrondissement. La magistrature faiblissait devant le pouvoir politique, même devant les avocats, dont beaucoup avaient sur les juges l'avantage de la situation pécuniaire et le prestige des relations ou des fonctions politiques.

Enfin, les jurés, dès qu'ils étaient appelés à juger d'une affaire où se mêlait une ombre de politique, aimaient mieux s'en laver les mains que d'accepter la responsabilité de défendre les intérêts publics.

Une sorte d'indulgence universelle semblait menacer la vie même du pays : on faisait les bons garçons; on laissait tout aller; on passait tout; on haussait les épaules; et toute cette facilité était le masque de la veulerie qui craint l'effort, de l'égoïsme qui ne songe qu'aux intérêts particuliers.

En quelques années, les faits d'indiscipline et d'anarchie, les révoltes contre la loi, les menaces, toutes les tentatives d'appel à la force individuelle ou collective se sont multipliés.

Un particulier a soutenu un siège en plein Paris pendant des semaines contre la police, trop humaine pour en finir tout d'un coup avec le rebelle.

Puis successivement, l'Église, la Confédération Générale du Travail sont entrées en lutte ouverte contre la loi.

On a vu les vignerons du Midi se soulever et refuser l'impôt; on a vu les Champenois divisés s'insurger tour à tour contre le gouvernement, qui ne calmait l'Aube qu'en soulevant la Marne.

On a vu un bataillon de ligne refuser obéissance à ses officiers et abandonner malgré eux ses quartiers.

Taine s'était imaginé que la révolution avait détruit la vie corporative en France et, que le principe d'égalité nous condamnait à laisser l'individu isolé face à face avec l'État énorme et tout-puissant. En réalité, ce sont Napoléon et les monarchies du XIXe siècle qui ont maintenu l'individu dans l'isolement et l'impuissance. Dès que le régime républicain a duré, on a voté les lois qui rendent possible aux Français la vie d'association, et cette vie a commencé. En quelques années, elle est devenue intense et multiple. Il y a quarante ans, il n'y avait dans l'État, en face de l'État, qu'une grande association : l'Eglise. Aujourd'hui, les syndicats professionnels sont nombreux; ils sont groupés en fédérations, et la Confédération Générale du Travail semble parfois un État prolétaire qui s'organise dans l'État bourgeois, et contre lui.

L'esprit purement socialiste a fait place dans la Confédération Générale du Travail à l'esprit révolutionnaire et libertaire. L'anarchisme, l'anti-patriotisme, l'anti-militarisme y ont fleuri. On a transporté la lutte des classes du terrain économique sur le terrain politique. On a légitimé en théorie et prêché l'appel à la force, c'est-à-dire l'illégalité et la violence. On a déclaré la guerre au suffrage universel en élevant la volonté des minorités conscientes et énergiques au-dessus de celle des majorités aveugles et timides.

Des associations de toutes sortes se sont fondées en dehors même des associations ouvrières, et les plus originales sans doute sont ces syndicats et ces associations de fonctionnaires menaçant quelquefois l'État qui les emploie de la grève, ou du moins dressées à tout instant contre les décisions ou les personnes de leurs supérieurs et de leurs ministres.

L'un des premiers et plus sensibles effets de la liberté d'association a donc été chez nous de paraître menacer l'existence de la société politique, de rendre impossible, ou du moins plus difficile, l'exercice de l'autorité, et d'affaiblir l'unité nationale. Ces associations de toute nature semblaient ne grouper les Français qu'en divisant la France.

Même un réveil du régionalisme provincial s'est fait en ces dernières années, et il a pu sembler parfois que les Français de Bretagne, de Provence ou de Champagne se souvenaient trop qu'ils étaient bretons, provençaux ou champenois.

Ainsi tout semblait se dissoudre ; et notre pays, si fortement centralisé, dont l'unité était si ancienne et paraissait, il y a cinquante ans, indestructible, semblait hier s'en aller en morceaux.

Heureusement, ces apparences n'étaient que des apparences. La France subissait une crise, mais c'était la crise d'une transformation nécessaire ; c'était le passage de la notion monarchique d'obéissance imposée du dehors, à la notion démocratique de liberté disciplinée. Il fallait que le Français, longtemps contenu par la force de ses gouvernements, apprît à se contenir lui-même et devint capable de pratiquer la soumission volontaire à une autorité travaillant pour le bien général. Déjà des symptômes rassurants se sont manifestés. Il semble que la conscience sociale de la nation soit en train de se dégager.

Tous les partis ne sont, en somme, chez nous qu'une minorité; la majorité de la nation se prête tour à tour aux uns et aux autres; elle les suit ou les déserte, selon qu'ils lui promettent ou lui assurent ce qu'elle veut.

Ce que la majorité de la France veut, veut clairement et énergiquement, c'est la liberté, c'est la tolérance, c'est l'ordre et la sécurité. Pour procurer ou pour garantir tous ces biens, elle fait appel actuellement à un gouvernement qui gouverne. Tous les hommes, en ces dernières années, qui ont tenu énergiquement le pouvoir et qui ont assumé sans faiblir les responsabilités de l'autorité, tous, quelles que fussent leurs doctrines, ont été successivement soutenus par la majeure partie des Français.

La conscience du pays réclame aussi en ce moment, avec la même énergie, l'honnêteté et la justice. Un mouvement très fort d'opinion s'est déclaré contre la corruption politique.

Il ne faut pas s'exagérer cette corruption, qui, sous sa forme la plus basse et la plus matérielle, la vénalité, est tout à fait accidentelle chez nous, malgré quelques scandales bruyamment exploités.

Il ne faut pas non plus trop insister sur la médiocrité du personnel politique : ce n'est pas l'intelligence, ni même le talent, qui manquent dans nos assemblées parlementaires ; et je ne sais pas trop quelles Chambres étrangères pourraient, à ce point de vue, soutenir la comparaison avec notre Sénat et notre Chambre des Députés.

Mais ce qui manque fréquemment à nos hommes politiques, c'est le caractère, c'est la capacité de résister aux tentations du pouvoir, aux sollicitations de leurs amis et de leurs électeurs. La forme de notre corruption politique, c'est le favoritisme, la camaraderie, la coalition d'égoïsmes et d'appétits pour l'exploitation du pouvoir et de l'influence.

Le pays, lui, est las et dégoûté de ces trafics, et si fort est ce sentiment dans le public qu'il a déterminé dans la Chambre. même un courant d'honnêteté.

Si le système de la représentation proportionnelle, qui prétend assurer à chaque parti un nombre de représentants en rapport exact avec le nombre de voix qu'il a ralliées, a trouvé tant d'adhérents, si, jusque dans la majorité qui détient le pouvoir, il s'est rencontré un nombre imposant de députés et de sénateurs pour accepter que la moitié des électeurs plus un ne disposât plus de tous les sièges, et, par conséquent, pour consentir à courir le risque de voir leur parti diminué, c'est que pour tout le monde, la représentation proportionnello symbolise — effectivement ou illusoirement, nul ne le sait encore — un idéal de justice et l'espoir d'en finir enfin avec les intrigues et les marchandages électoraux.

La force des associations de fonctionnaires, ce qui fait qu'elles ont pu se lever contre l'Etat et leurs directeurs, c'est qu'elles promettaient à leurs membres de faire échec à l'arbitraire ministériel, au favoritisme, aux recommandations de députés ; et, il faut bien le reconnaître, leur action n'a pas été sans effet.

On a vu aussi un tribunal administratif, dont les membres sont nommés par le gouvernement, juger et casser les décisions des Ministres : le Conseil d'Etat s'est montré en ces dernières années le défenseur vigilant des fonctionnaires contre les excès de pouvoir du Gouvernement. D'un seul coup, par exemple, il remettait en activité dix-sept lieutenants de vaisseau qu'un ministre avait cru pouvoir admettre à la retraite, malgré eux et malgré la loi ; du nombre était notre grand écrivain Pierre Loti.

Après toutes les faiblesses de nos tribunaux, on a vu soudain, par un réveil imprévu, un jury condamner à mort un secrétaire de syndicat accusé d'avoir par ses discours excité des grévistes au meurtre d'un « renard ». C'était aller tout d'un coup de l'extrême mollesse à l'extrême sévérité ; et le verdict n'eut pas d'effet : mais il y a là un indice de la disposition des classes moyennes, qui détestent la violence et l'illégalité.

La bourgeoisie a fait en ces dernières années, ou semble en train de faire son éducation civique. Longtemps, à la suite de la Révolution française qui lui a donné le pouvoir, elle a paru occupée surtout de poursuivre la richesse et d'exploiter l'Etat pour ses intérêts particuliers.

En ces dernières années, elle a semblé quelquefois sur le point de se dissoudre et d'abdiquer comme la noblesse avant 1789. Les uns, pour défendre la propriété et le capital, s'en allaient vers les partis de réaction ; les autres, par idéalisme et par générosité, se ralliaient à la démocratie socialiste. A l'heure actuelle, on peut croire qu'une classe bourgeoise se dégage ou se restaure, plus ouverte, plus généreuse qu'autrefois, affirmant son droit de gouverner la France parce qu'elle a les lumières, mais voulant la gouverner pour le bien de tous et par la justice ; ne défendant ce qu'on appelle ses privilèges, et sa richesse même, que dans la mesure où l'existence de la nation est intéressée au maintien de la propriété et à la distinction des mérites.

La classe ouvrière, de son côté, fait également son éducation. Une partie de cette classe commence à juger le syndicalisme révolutionnaire, et prend le courage de s'en affranchir et d'y résister.

Les syndicats vivants et prospères sont ceux qui limitent leur activité à la défense des intérêts professionnels et qui demandent la réforme progressive des institutions sans violence anarchique. L'échec des grèves des Postes et des Chemins de fer a déterminé un recul sensible de la Confédération du travail. Une bonne partie de la classe ouvrière a tiré les conséquences de ce double échec, et le mouvement réformiste, « légalitaire », en a été fortifié.

Dans toutes ces crises, nous n'avons pas — je dois le reconnaître — la presse que nous pourrions désirer. L'intelligence et le talent surabondent dans nos journaux ; ils sont clairs ; ils sont bien distribués et agréables à lire. Il y a beaucoup de journalistes honnêtes, et quelques journaux. A de certains moments, toute la presse française a eu conscience de son devoir national. Mais trop souvent, elle n'est qu'une agence de corruption politique. Elle déguise en vérités de fait ou de doctrine, ou en intérêts de la France, les passions et les intérêts des partis. Elle est l'instrument des financiers. Ou bien un journal n'est qu'une entreprise industrielle, à laquelle on ne demande que de rapporter de bons dividendes par n'importe quel moyen : chantage, scandale ou réclame.

Il faut bien dire qu'une nation a la presse qu'elle veut. Ce sont les vices de la nation que flattent les journaux ; ils satisfont de leur mieux à des goûts de commérage et de malignité, à toute sorte de petites passions envieuses qui rabaissent toutes les questions à des questions personnelles ; et ils ne font que céder à la curiosité grossière de leurs lecteurs quand ils remplissent leurs colonnes de détails « sensationnels »

sur les crimes les plus brutaux, ou de hon-
teuses indiscrétions sur la vie privée des
personnes connues.

Toutefois, ce serait sans doute le devoir
de la presse de ne pas prendre le public
par ses plus bas côtés, et d'essayer plus
souvent de refléter et d'intéresser les parties fines et généreuses de l'âme française.

Nous n'avons pas non plus la littérature
qu'il faudrait pour le bien social. Jamais
peut-être il n'y a eu plus de talents qu'aujourd'hui. S'il a fleuri à certaines heures de
plus grands génies que nous ne pouvons
nous flatter d'en avoir actuellement parmi
nous, — l'avenir seul, à la vérité, saura
quelle est au juste notre part — jamais il
n'y a eu à la fois, dans tous les genres, un
plus grand nombre d'hommes très distingués. Mais, ou bien ce sont des artistes
qui s'enferment dans la contemplation de
leur idéal de beauté et qui dédaignent la
foule, la vie pratique, les intérêts collectifs;
ou bien, lorsqu'une conscience sociale s'est
formée en eux, ils la manifestent en hommes

de parti. Ils expriment les doctrines et les haines qui divisent plutôt que les aspirations et les sentiments où tous les Français peuvent communier.

Voyez les rôles qu'ont tenus en ces dernières années deux de nos plus grands hommes de lettres : Anatole France et Maurice Barrès; l'un, organe du collectivisme, et l'autre, du nationalisme. Nos hommes de lettres ne remplissent pas assez une des fonctions de la littérature qui serait de fortifier l'unité de la conscience française [1].

Nous subissons aussi en ce moment une crise de la pensée philosophique qui pourrait avoir des conséquences fâcheuses pour notre avenir national.

Depuis plusieurs années, une guerre a été déclarée à l'intelligence. A l'abri de la doctrine, plus ou moins bien comprise, d'un grand philosophe, M. Bergson, et sous le nom, plus ou moins justifié, de Bergso-

1. Je ne voulais pas dire par là qu'un écrivain eût un autre devoir que de s'exprimer sincèrement. Mais je regrettais que l'expression sincère de leur tempérament n'aidât pas plus souvent la littérature à bien remplir sa fonction nationale (2ᵉ *éd.*).

nisme, des hommes habiles, pour faire les affaires de leurs partis, ont déclaré la guerre à l'intelligence, au profit de la tradition, de l'irrationnel, de l'instinct, du spontané, de la Vie [1]. C'est oublier que la force de la France, son plus vieil instinct, sa plus chère tradition, ont été d'étendre le pouvoir de l'intelligence dans tous les domaines, de réduire tout autant que possible en idées claires, et d'essayer de soumettre toute la vie, individuelle ou collective, à la volonté raisonnable.

Si cette guerre à l'intelligence continuait, ce serait un danger pour la France. Les autres nations ont autant, ou plus, d'instinct, de spontanéité, de passion, de vie, que nous n'en avons ; ce qui nous a imposés de temps à autre à leur admiration, ce qui les a fait venir souvent chercher des exemples et une culture chez nous, c'est le prestige de notre clarté, de notre intelligence et de notre logique. Le jour où nous n'aurions plus ces dons à communiquer aux

---

1. Qu'il y ait des Bergsoniens naïfs, j'en suis sûr; que ce soit le plus grand nombre, je l'admets. Mais les habiles les mènent (2ᵉ *éd.*).

autres nations, que viendrait-on nous demander ? On me dit, d'ailleurs, que l'anti-intellectualisme, dont la séduction fut grande à un certain moment sur les jeunes gens, commence à passer de mode.

Un danger pire que ce danger intellectuel est celui qui menace l'existence même de notre pays : je veux dire la faible natalité que depuis si longtemps on déplore sans y avoir trouvé jusqu'ici de remède. Plus triste encore, est l'une des causes, une cause partielle de ce mal : l'alcoolisme, dont le progrès, depuis 1870, a été effrayant. Nous avons commencé à combattre l'alcoolisme, mais le progrès n'en est pas décidément enrayé.

D'autres causes d'ailleurs contribuent à diminuer la natalité en France ; il serait trop long de les rechercher. D'une manière générale, ce sont des causes sociales et économiques, qui font qu'au lieu d'avoir intérêt à avoir des enfants, l'individu a intérêt à se priver de cette joie, à réprimer l'instinct naturel de la paternité ou de la maternité.

Tout en reconnaissant la gravité du mal, je demanderai : la natalité est-elle, pour un peuple, le seul critérium de l'énergie? Soit qu'on considère les races animales, soit qu'on regarde les sociétés humaines, est-ce par la fécondité que se mesure la supériorité? Est-ce toujours et partout aux populations prolifiques qu'appartiennent la puissance et la civilisation?

La natalité est une condition de durée : voilà pourquoi elle est un élément essentiel de la grandeur d'un peuple, et pourquoi il est déplorable qu'elle soit si faible chez nous. Mais l'énergie d'un peuple peut se mesurer par d'autres critériums.

Elle doit se mesurer d'abord par sa faculté d'assimilation, qui fournit une compensation relative à la faible natalité.

Or la France assimile et a toujours assimilé les étrangers qui y ont fixé leur résidence, isolément ou en groupe.

Bien fous et bien imprudents sont ceux de mes concitoyens qui, par un patriotisme mal éclairé, croient défendre ce qu'ils appellent la « race » française en voulant fermer la France aux étrangers. Considérons notre passé. Combien ne devrions-nous pas rayer d'hommes illustres, bons serviteurs de notre pays, du nombre des Français, si nous exigions la pureté du sang comme essentielle à la qualité de Français! Il nous faudrait renoncer à compter dans nos gloires, parmi bien d'autres que je ne nomme pas, le cardinal de Retz (un Gondi), les maréchaux et les ducs de Broglie, le maréchal de Berwick, le maréchal de Saxe, Jean-Jacques Rousseau, Benjamin Constant, Bonaparte, Masséna, Mme de Staël, le maréchal de Mac-Mahon, le général Bourbaki, Gambetta, Émile Zola, Moréas, et le philosophe Bergson dont je parlais tout à l'heure. Il nous faudrait exclure les trois Dumas : le général, un demi-nègre, le romantique, un quart de nègre, et l'auteur du *Demi-Monde*, un huitième de nègre. Montaigne avait peut-être du sang de juif portugais ; Sainte-Beuve, sûrement, du sang anglais. Les Mirabeau venaient d'Italie. Combien la Pologne nous a-t-elle, depuis un siècle, envoyé de bons Français? Nos rois n'ont jamais été que des « demi-sang ». A rejeter tous les « métèques » et tous les « métis », nous demeurerions bien appauvris.

En réalité, un des plus constants caractères de l'énergie française depuis quinze ou vingt siècles, c'est la puissance assimilatrice de notre pays. Nous avons, depuis les commencements de l'ère chrétienne, « digéré » successivement je ne sais combien de Romains, de Francs, de Wisigoths, de Burgondes, de Normands, de Huns, de Sarrasins, de Bretons, d'Irlandais, d'Écossais, d'Italiens, de Polonais; que sais-je encore ! Je ne vois rien qui indique que cette énergie soit en décroissance, — rien, excepté cette campagne même à laquelle je fais allusion, si elle était autre chose qu'un exercice d'éloquence ou une manœuvre de stratégie politique. Loin de nous indigner que les étrangers soient si nombreux en France, il faut nous réjouir qu'ils viennent, souhaiter qu'ils continuent à venir compenser l'insuffisance des naissances françaises. Comme un fils d'Auvergnat peut faire un Lorrain authentique, un fils de Grec, de Hongrois ou d'Allemand, peut faire un excellent Français.

Il faut aussi compter comme un critérium d'énergie, la manière dont le Français soutient les charges financières de son pays. Nous avons payé, vous savez avec quelle aisance et quelle rapidité, les cinq milliards de l'indemnité allemande. Nous supportons de lourds impôts qui rentrent avec facilité ; les plus-values ne sont pas rares ; la richesse nationale s'accroît constamment et considérablement. Et cet argent qui provient de l'épargne des classes moyennes et populaires, qui est du travail consolidé, cet argent donne à la France une force considérable dans les relations internationales.

Il faut regretter sans doute qu'il s'emploie moins fréquemment à l'intérieur du pays qu'à l'extérieur. Une des causes de la lenteur avec laquelle se refait notre outillage économique et s'accroît notre développement industriel, c'est que le paysan et le bourgeois français aiment mieux envoyer leur argent hors de France, très loin de France, dans les pays de rêve et de roman. C'est leur manière d'émigrer; c'est leur manière de courir les aventures.

Mais, dans les relations internationales, cette richesse est une force incomparable ; et elle se fait sentir d'autant plus aujourd'hui que, depuis quelques années, la finance française s'est mise plus étroitement d'accord avec la politique étrangère de la France. On en a déjà vu des effets.

Nous n'avons pas seulement de l'argent, nous avons aussi des hommes. Vous connaissez le type du Français casanier, routinier, sans initiative, qui aime mieux végéter en son pays que faire fortune en s'expatriant, ou qui même, chez lui, préfère la demi-misère du petit rentier à l'effort et aux risques du commerce et de l'industrie. Ce type est réel, mais ne croyez pas qu'il soit le type unique ou caractéristique de notre peuple.

Regardez la part que nos nationaux ont prise dans la création et dans l'essor des industries nouvelles, automobile, aviation.

Regardez ce qu'ont fait nos explorateurs et nos coloniaux.

Il s'est formé chez nous, depuis vingt ou trente ans, un type français nouveau, ou qui, du moins, semblait avoir disparu depuis la perte du Canada et des Indes : le type du Français colonial, énergique, actif, entreprenant, moins homme du monde qu'homme d'action. La littérature commence à apercevoir et à représenter ce type, et il séduit notre jeunesse.

C'était une plaisanterie traditionnell·· les étrangers et des Français, que de railler nos colonies sans colons, nos colonies fondées par une volonté du gouvernement, et où, à défaut de colons, nous exportions des fonctionnaires. Il est très vrai que le Français se trouve bien chez lui ; il est très vrai que le Français se contente volontiers d'un petit salaire ou d'une petite aisance pour rester parmi les siens, dans sa ville

ou son village. Il est très vrai qu'il tient
moins à la richesse qu'à la sécurité; le
traitement régulier d'une fonction adminis-
trative, l'assurance d'une maigre retraite
satisfont ses ambitions en lui permettant
de ne pas s'éloigner des lieux et des gens
qu'il aime.

Mais ce Français qui ne quitterait pas sa
ville natale, ses amis et sa famille pour aller
faire fortune en Afrique ou en Indochine,
donnez-lui une petite fonction, faites-en un
sous-lieutenant ou un sous-officier, un sous-
gouverneur ou un commis d'administration,
qu'il ait un galon à sa manche, et l'espoir
d'une retraite pour lui, d'une pension ou d'un
bureau de tabac pour sa veuve, il ira dans
n'importe quel pays risquer vingt fois sa
santé ou sa vie. Il se dépensera pour l'intérêt
public et la patrie. Il sera Henri Rivière ou
de Brazza, ou tant d'autres, plus obscurs et
non moins héroïques. Il n'y a pas de plus
beau type humain que celui de ces explorateurs ou de ces soldats français, qui s'effor-
cent de donner à la France de vastes terri-

toires sans verser le sang des hommes, et
sans jamais séparer la grandeur nationale
de l'amélioration des conditions de la vie
chez les populations qu'ils soumettent.

M. de Brazza a conquis le Congo pour
ainsi dire tout seul escorté de quelques
tirailleurs indigènes, sans tirer un coup
de fusil. Il a gagné les nègres, il les a
soumis à l'autorité de la France, parce qu'il
leur a montré une France forte et juste,
capable de défendre ces misérables populations contre la barbarie des marchands
d'esclaves et la cupidité de leurs roitelets.

Qu'est-ce que tout cela veut dire, sinon
que notre énergie est une énergie idéaliste?
Gagner de l'argent n'est pas pour le Français, en général, un motif déterminant; il
ne se mettra pas en route pour cela; il
lui faut le service de la patrie, une idée philosophique, religieuse, ou autre, le désir
de servir l'humanité, ou tout simplement
la joie et l'ambition d'être chef, de com-
mander. Le Français que la volonté de faire
fortune n'emmène pas hors de son pays,

sera plus facilement attiré aux colonies par le plaisir d'exercer une part d'autorité.

Cependant, en ces dernières années, la liaison de l'activité commerciale avec les intérêts supérieurs de la patrie et de l'humanité, a apparu plus clairement à nos idéalistes compatriotes ; et plus d'un jeune homme maintenant commence à regarder du côté de la Tunisie, du Congo, de Madagascar, de l'Indochine, du Maroc ; plus d'une énergie commence à s'employer en ces pays lointains et neufs, dans l'agriculture, l'industrie et le commerce, sûre d'accroître ainsi le patrimoine national de richesse et d'honneur.

Je ne peux terminer ce tableau sommaire et bien incomplet de l'état actuel de notre pays sans dire un mot de nos relations avec l'Allemagne, c'est-à-dire de la question de l'Alsace-Lorraine.

On se rend mal compte souvent à l'étranger des raisons de l'attitude des Français à l'égard de l'Allemagne. Sans aucun doute, notre défaite de 1870 nous a profondément atteints dans notre orgueil national, dans notre chauvinisme, si vous voulez. Cependant la blessure a été plus profonde : notre défaite a touché le point le plus sensible de notre conscience nationale. Songez que depuis plus de cent ans un des sentiments les plus chers aux Français, une des idées auxquelles leur raison avait adhéré le plus fortement, c'était la foi au droit des nationalités ; c'était le principe que chaque groupe d'hommes est libre de disposer de lui-même, de se donner le régime politique qu'il veut, d'appartenir à l'organisation nationale dont il se reconnaît membre. Nous avions mis en pratique cette maxime, à la fin du xviiie siècle, en venant au secours des colonies anglaises révoltées contre leur métropole. Nous l'avions mise en pratique au cours du xixe siècle dans toutes les occasions, par les sympathies et l'appui que nous avons donnés sans compter à la Grèce, à la Pologne, à l'Irlande, à la Hongrie, à l'Italie.

Dans notre foi désintéressée jusqu'à l'imprudence, nous ne nous sommes pas inquiétés du danger de laisser constituer en Europe autour de nous de grandes nations d'où pourraient un jour venir des menaces ou une concurrence pour nous. Nous avons même accordé plus d'une fois notre sympathie à l'effort des Allemands vers leur unité nationale, vers cette unité qui ne pouvait se faire qu'à nos dépens.

Pouvions-nous donc — quand nous avions tant de fois affirmé ce sentiment au profit de tant d'autres, — pouvions-nous le rétracter quand il s'agissait de nous-mêmes? Pouvions-nous admettre que l'Alsace et la Lorraine, sans être consultées, fussent contraintes de devenir allemandes?

Voilà pourquoi le traité de Francfort a été subi chez nous comme un fait actuel, non pas accepté comme créant un droit nouveau et définitif.

Mais, d'autre part, la France depuis quarante ans a voulu la paix; elle a été profondément pacifique. Dans ce sentiment entraient pour une part le souvenir de la défaite, l'appréhension d'un nouveau risque, une sorte de peur superstitieuse de cette grande machine militaire qu'est l'Allemagne, dont on se représentait le jeu comme brutalement, inexorablement irrésistible ; mais pour une part aussi, une crainte humaine du désastre effroyable que serait une guerre avec les armes nouvelles dont les deux peuples disposent, et l'idée que le vainqueur même serait, par sa victoire, ruiné pour longtemps, peut-être mortellement épuisé. De là est venue notre attitude paradoxale, de ne pas nous résigner à la paix, et de ne pas vouloir la guerre.

Cependant le monde marchait. L'Europe, avec une intelligence un peu paresseuse, a tiré, peu à peu, l'expérience aidant, les conséquences du fait de 1870 qui renversait les conditions de l'équilibre européen.

L'alliance russe nous a fourni une assurance contre une agression nouvelle. L'entente cordiale nous a rapprochés de notre rivale séculaire, l'Angleterre. Nous avons recouvré l'amitié italienne, quoique l'Italie soit restée dans la Triple Alliance.

Mais la France, en recherchant sa sûreté au dehors, était toujours inquiète et défiante de soi. C'est alors que l'Allemagne nous a rendu un service signalé.

Elle nous en rendait un autre, à vrai dire, depuis quarante ans. Par la manière dont elle traitait les populations du territoire annexé d'Alsace-Lorraine, elle y maintenait le sentiment français, j'entends la conscience d'être et la volonté de rester Françaises de tradition et de culture. Elle empêchait les Alsaciens-Lorrains, incorporés malgré eux à l'Empire allemand et obligés de s'arranger pour y vivre, elle les empêchait de s'y trouver chez eux, et de se détacher de la civilisation française. Elle déployait une éclatante impuissance à les assimiler ; elle limitait ainsi elle-même la portée de sa victoire politique et guerrière.

Mais voici que depuis 1906, l'Allemagne nous fait un autre bien. Elle a réussi sans y penser, à nous rendre confiance en nous-mêmes. Par les alertes de Tanger (débarquement de l'Empereur), de Casablanca (affaire des déserteurs), d'Agadir (envoi d'une canonnière), l'Allemagne a obligé toute la nation française à regarder la guerre en face. Elle lui a fait prendre conscience de la nécessité pour un peuple d'en accepter le risque à certains moments, sans lâcher pied, sans faiblir, et de se tenir ferme sur son droit, à la limite des concessions honorables, quelles qu'en pussent être les suites.

C'est ce que la France a fait dans les six mois qui viennent de s'écouler [1].

Il n'y a là ni chauvinisme, ni haine aveugle de l'étranger, ni fanfaronade, ni provocation. La France ne veut pas la guerre ; elle fait la part la plus large possible aux intérêts des nations étrangères, et même à ceux de l'Allemagne qui l'a vaincue ; elle accepte, dans la mesure où elle le peut

1. Ceci était dit en novembre-décembre 1911.

sans compromettre sa propre sécurité et ses grands intérêts, le point à vue de l'Allemagne qui veut grandir, qui cherche des débouchés pour l'activité de ses nationaux. C'est une des marques de l'intelligence de notre peuple, que cette facilité à se placer au point de vue des étrangers, cette capacité de juger avec un désintéressement impartial dans sa propre cause. C'est là, pour le dire en passant, la raison qui a fait que la France, il y a quelques années, a accepté si facilement, et sans en conserver de ressentiment, l'humiliant abandon de Fachoda. La masse de nos concitoyens a vu clairement ce que l'intérêt et le droit de l'Angleterre l'obligeaient alors de vouloir ; elle s'est demandée si nos hommes d'État n'avaient pas mis, cette fois-là, les torts du côté de la France ; et sans faux honneur, elle n'a pas persisté à mettre notre dignité où n'était pas notre droit.

Elle était prête encore cette année à prendre en considération les exigences de l'honneur et de l'intérêt allemands. Mais la diplomatie allemande, en demandant trop, et d'une manière trop allemande, a fait sentir à toute la France, l'obligation d'en arriver à dire *non*, un *non* bien résolu, et de ne rien céder au delà de ce qu'on pouvait accorder sans défaillance.

En général, l'Allemagne — diplomatie, journaux, nation — ne comprend rien à la psychologie du peuple français. Ils rapportent tous nos actes, pour les expliquer, à une idée fantastique de notre caractère que leur orgueil leur a forgée sur leur victoire de 1870; et c'est par là qu'ils se sont mépris si lourdement en certaines rencontres dans l'interprétation ou dans la prévision de la conduite de la France.

Dans cette affaire du Maroc, l'Allemagne vient d'avancer la restauration de la volonté française. L'inquiétude que beaucoup d'entre nous pouvaient conserver sur la manière dont notre nation se comporterait dans des circonstances difficiles, a disparu. Nous sommes sûrs maintenant de la force morale du pays comme de sa force matérielle. C'est à l'Allemagne que nous devons cette certitude ; et si elle pouvait avoir compris elle-même à quel point ses incartades ont raffermi l'âme de la France, la paix de l'Europe serait assurée pour de longues années.

TABLE DES MATIERES

VI

VII

VIII

ÉVREUX. — IMPRIMERIE HÉRISSEY